Les Zigzags
D'UN CURIEUX

IL A ÉTÉ TIRÉ DE CE VOLUME

QUI NE SERA POINT RÉIMPRIMÉ

1000 exemplaires sur vergé de Hollande.
  30   —   sur Whatman.
  30   —   sur papier impérial du Japon.
    5   —   sur Chine (non mis dans le commerce).

EXEMPLAIRE SUR PAPIER VERGÉ

N°  249

ZICZACS DU CURIEUX

par OCTAVE UZANNE

PARIS

Les Zigzags
D'UN CURIEUX

CAUSERIES

SUR L'ART DES LIVRES
ET LA LITTÉRATURE D'ART

Par

OCTAVE UZANNE

PARIS

MAISON QUANTIN
COMPAGNIE GÉNÉRALE D'IMPRESSION ET D'ÉDITION
7, RUE SAINT-BENOIT, 7
1888

ZIGZAG INITIAL

E *Printemps chante délicieusement au dehors.*

Devant mes yeux, les quais verdoient; les bouquineurs, baignés dans le soleil, butinent de boîte en boîte le suc des vieux livres.

La vie éclate intense et joyeuse sous mes fenêtres; l'azur du ciel emparadise la grande ville, l'air est plein de rendez-vous anonymes, les femmes passent fraîches et sautillantes comme des bergeronnettes dans des robes de renouveau; le nonchaloir et la rêverie s'imposent; les illusions engourdies se déchrysalident. — C'est un délicieux moment pour indulgenter l'humanité et mettre au rancart le pédantisme rigoureux de l'hiver.

Aussi ces Zigzags d'un Curieux m'apparaissent-ils à cette heure sous un aspect très automnal, et ils flairent, à mon sens, évidemment de trop loin les fantaisies sédentaires d'un cerveau longtemps enfermé, pour qu'il me soit possible, sous ce ciel délicatement aprileux, de les ramener dans l'axe de ma pensée aujourd'hui vagabonde, afin de les présenter, de propos réfléchi au lecteur, qui sans nul doute n'a point souci de cet office cérémonieux.

Je ne donnerai donc pas de lettre de crédit à cet ouvrage de critique capricieuse auquel je souhaite de faire aussi noblement son chemin que son aîné de même race, Nos Amis les livres, qui eut l'heur de séduire toute une élite de fins bibliognostes, il y a tantôt deux ans.

Lorsque la fée printanière nous vient désencager, l'âme s'attendrit dans le panthéisme de la nature en éveil. La feuille imprimée se fait voir maladive, vaine et superficielle à nos yeux baignés de lumière. Nous revenons aux sensations originelles et aux langueurs paresseuses ; nous abjurons la bibliolâtrie des jours à ciels moroses et nous aimons à planer comme l'alouette dans la lumière en nous grisant de la sensation de vivre.

Dieux lares de mon foyer bouquinier, bientôt clos et vide, guidez seuls ce nouveau-né que j'abandonne au sort du monde, et, tandis que je fuis sous les frondaisons tendres, au milieu des exquises démonstrations de la création divine, placez sous d'heureux auspices toutes ces chères feuilles qui s'envolent.

Adieu Zigzags, Préface est faite!

Paris, 15 mai 1888.

LES ÉCRIVAINS

LE PUBLIC ET LA RÉCLAME

LES ÉCRIVAINS
LE PUBLIC ET LA RÉCLAME

La Littérature du Genre humain en 6,000 volumes. — De la désorientation littéraire de ce temps. — Situation singulière des Ecrivains entre eux. — Le Théâtre obstructeur de la véritable Littérature. — La Presse quotidienne vouée au Théâtre. — De la disparition de la Critique dans le journalisme quotidien. — La grande hystérie de la réclame dans les lettres. — Les sensations de l'écrivain et ses déboires. — La critique moderne et la marée des livres. — Misères de la profession. — De la lassitude publique en matière de librairie. — La dysphagie des lecteurs et les écœurements des bases fictions romancières. — Sensations décourageantes de l'heure présente. — Moins de livres et plus d'œuvres. — Plus de propre dans le figuré.

GANGANELLI, qui, sous le nom de Clément XIV, occupa le trône pontifical, prétendait que tous les livres du monde pouvaient se réduire à six mille volumes in-folio, et que les ouvrages modernes n'étaient que des tableaux qu'on avait eu l'art de rafraîchir, de la manière la plus propre à donner dans la vue. — Je ne sais sur quelles bases le savant patriarche œcuménique établissait ses calculs pour décider ainsi *ex cathedra* d'une question aussi formidablement complexe, mais je crois bien qu'il tablait un peu trop sur sa haute infaillibilité; aussi je me déclare très schismatique sur cette sentence trop souveraine. — Depuis plus d'un siècle que cette opinion a été émise, les livres ont pris une extension prodigieuse; en ce moment, à Paris seulement, il se publie quotidiennement vingt-cinq ou trente ouvrages dans toutes les branches de la littérature et des sciences, et, bien qu'on ait prétendu que chacun, individuellement, était admis à traiter les livres comme la société, en prenant quelques amis dans l'immensité de la foule, il n'en demeure pas moins évident que le public s'effare et que les lettrés commencent à lâcher pied éperdument dans le courant des connaissances littéraires de ce temps.

Comment pourrait-on lire, même en opérant un choix judicieux — ce qui déjà réclame du loisir — parmi la quintessence des meilleurs livres contemporains? — Il semble que nous glissions rapidement au chaos, et, dans la situation présente, le malicieux abstracteur Ganganelli risquerait de perdre, sans retour, toutes ses bulles pontificales.

Dans le domaine de la fiction, les romans, cette

nourriture intellectuelle des peuples corrompus et décadents, nous arrivent de toutes parts comme une ultime plaie d'Égypte; ils s'étalent et s'étouffent en une telle confusion à la lumière de la publicité, que les bons pâtissent pour les mauvais et que le lecteur écœuré, désorienté, fatigué par la concurrence qui se dispute son attention, pourrait bien un jour entrer en grève, et mettre ainsi en interdit, pour quelque temps du moins, messieurs les conteurs et amuseurs de foule.

Dans la République des lettres, l'anarchie est déjà visible; on est si fortement sollicité par tous les talents éclos de la veille, on se sent si distancé par l'express de la production et par la cohue sans cesse renaissante des hommes nouveaux, on éprouve si bien l'impossibilité de constater par soi-même la valeur réelle des uns et des autres, que l'on accorde sans marchander et sur *on dit* tout l'esprit et tout le mérite du monde à ceux qui ont eu l'habileté de faire sonner leur nom comme une trompette de tramway à l'oreille distraite des passants.

Notre société littéraire se compose donc d'individualités nombreuses, qui tôt ou tard entrent en relation, et qui ne connaissent guère, l'une vis-à-vis de l'autre, que le titre de leurs principaux ouvrages respectifs; pour ce qui est de la valeur intrinsèque et personnelle, la vie est trop hâtive; on se frôle, mais on ne s'analyse pas. On discute encore sur un article de journal, sur une thèse soutenue en *Premier Paris;* quant aux livres, il faut y renoncer. On les flaire chez les libraires, dans les boudoirs ou dans les antichambres des cabinets de consultation; mais les lire, se les infuser par la vue, y songez-vous !... Les faiseurs d'opuscules peinent déjà trop sur leurs propres ouvrages pour songer à ceux du voisin.

Les dernières années de notre xixe siècle sont, à ce point de vue, bien intéressantes à regarder d'un œil sceptique et clairvoyant, d'autant mieux qu'on peut s'attendre à l'imprévu et à la curiosité d'un krach du livre, comme il y a déjà eu un krach de la peinture, et comme il y aura bientôt aussi, il faut du moins l'espérer, un krach de ce bas art envahissant qu'on nomme l'art théâtral.

Barbey d'Aurevilly a récemment publié, en tête de son *Théâtre contemporain,* une admirable préface, où l'auteur des *Prophètes du passé* montre qu'il pourrait bien être également un prophète de l'avenir. Ce noble dandy des lettres, qui vit en solitaire comme les aigles et les lions, et qui ne cache point son mépris pour toutes les bergeronnettes qui suivent en sautillant les sillons du succès, se gausse avec un bon sens profond et hautain du monstrueux histrionisme moderne.

Écoutez-le un instant :

« Le théâtre, dit-il, est le tyran du jour. Il s'affirme outrecuidamment lui-même, par l'organe de ceux qui en font la plus belle œuvre de l'esprit humain, et, jusqu'ici, nul critique ne s'est levé contre cette prétention intolérable et ridicule, et ne lui a campé le démenti qu'elle méritait...

« Nous ne voulons ici qu'agiter la question littéraire. Selon nous, en effet, la littérature, la vraie, la grande et la forte littérature, n'a pas de plus mortelle ennemie que ce qu'on appelle la littérature du théâtre, et ce qui rend le péril plus menaçant encore pour la véritable littérature, c'est que la malheureuse ne s'en doute pas. Avec tout son esprit, elle est sur ce point sans pénétration et presque sans discernement. Troyenne imprudente, elle souffre Sinon dans son camp ; que dis-je ? elle le festoie, elle le couronne ; elle a aussi l'amour, l'admiration et l'engouement du théâtre et des choses du théâtre, autant et plus que les illettrés, qui les adorent pour les plus basses et les plus immorales raisons.

« Comme une foule d'êtres destinés à périr par leurs vices aurait-elle donc l'amour de ce qui doit la tuer ?... Que dis-je encore ? elle en a la bassesse. Ce que David faisait devant l'Arche, elle le fait devant un tréteau. Elle supporte très bien de ne venir, dans l'opinion, qu'après la littérature théâtrale, et elle paye elle-même les violons et les trompettes des plus sottes gloires nées sur les planches... Est-ce que le plus idiot vaudeville, pour peu qu'il soit représenté, ne trouve pas toujours à son service le compte rendu qu'un livre fort, réduit à sa seule force, ne trouverait jamais ? Lisez les journaux, et jugez ! — Les journaux, qui devraient être les éducateurs du public et qui n'en sont que les courtisans, quand ils n'en sont pas les courtisanes, ont créé des espèces de chaires de littérature théâtrale à jour fixe, très appointées et très amoureusement guignées de tout ce qui a plume. Dans l'indifférence générale et morne où nous vivons pour la forte littérature, un journal pourrait, en effet, sans inconvénient d'aucune sorte, se priver du simple critique littéraire qui n'a que de la conscience et du talent, et qui choisit, parmi les œuvres injustement obscures ou impertinemment éclatantes, celles-là sur lesquelles il faut porter hardiment la lumière ou la main. Mais aucun n'oserait se passer du critique de théâtre, de ce critique qui, lui, ne choisit rien, car, pensionnaire de ses *entrées*, il est obligé de parler de ce qui se joue, se chante ou se saute, le long d'une semaine, dans un pays qui, ne trouvant pas assez de théâtre comme cela, vient de dire le dernier mot du cabotinisme qui nous dévore, en inventant les cafés chantants !!! »

Jamais on n'a exprimé plus nettement que d'Aurevilly l'incroyable envahissement du théâtre, ni fait aussi judicieusement germer une idée de révolte qui devrait entrer logiquement dans la tête de tous ceux qui mettent du noir sur du blanc; mais comme le fait remarquer l'illustre *théâtrophobe*, cet affolement du théâtre est si universel, si profondément passé dans nos mœurs, que, comme la folie partagée, il ne fait horreur à personne, et que le maître critique qui dénonce aujourd'hui comme monstrueux un pareil phénomène risque de passer demain lui-même pour un autre phénomène d'absurdité et de paradoxe. Un moraliste n'a-t-il pas dit: Si vous ne voulez point passer pour fou, entrez dans la folie commune... Ne dérangeons point nos petits cochons.

Cette question de priorité de l'œuvre jouée sur l'œuvre imprimée, dans la critique, est cependant plus grave qu'on ne l'imagine communément. Le théâtre accapare la presse, du rez-de-chaussée au premier étage, de l'article de début à l'article de fin, en passant par le « théâtre des faits divers », le drame des assassinats, le vaudeville des Chambres, la comédie des tribunaux et le cabotinage des diplomaties étrangères. Il ne reste guère aux livres que les annonces de la quatrième page et des entrefilets aux *Echos du jour*, dont les éditeurs peuvent s'offrir le luxe moyennant un ou deux louis par ligne. — Il y a bien quelque part, dans la rédaction, un critique bibliographe chargé de recevoir les livres nouveaux; mais ce rédacteur, dépaysé, fonctionne mal à son aise et ne parvient guère qu'à fournir, sans commentaires, la liste incomplète des ouvrages publiés. — Pendant que la littérature, dans sa plus forte expression, est ainsi vilipendée, les êtres et les choses du théâtre sont accueillis avec une faveur incroyable et qui prime tout autre sujet dans la presse dite boulevardière. A côté du critique théâtral qui pontifie presque chaque jour, on a inventé le *soiriste*, une belle invention, je vous jure, qui consiste à encaboliner complètement Paris et la province, en nous initiant familièrement à la vie intime de tous les pitres et de tous les queues-rouges de la métropole. — Au soiriste s'est adjoint le *parisiste*, créé tout naturellement pour nous montrer le dessous des pièces et parfois le dessous des jupes, pour interviewer l'auteur la veille d'une première, ou pour chiffonner une réclame chaudement rétribuée par les couturiers et couturières de ces Dames.

Pendant que, du haut en bas du journal quotidien, on orchestre la partition des cantates du théâtre, les pauvres livres attendent vainement un mot d'approbation ou d'improbation; l'omnibus de la publicité est au complet, le *roman co-*

mique des temps modernes s'y prélasse et n'est point prêt d'en sortir. — Chaque jour, la petite place laissée à la littérature se fait moindre et s'efface de plus en plus ; je ne parle pas de la critique, comme la professèrent certains *lundistes* de l'envergure de Sainte-Beuve, celle-ci repose en paix depuis longtemps, et son ombre n'apparaît guère qu'à des intervalles trop lointains pour qu'on ait encore à s'en inquiéter ; mais, dans le journal à grand tirage, les littérateurs en sont presque réduits à l'annonce, comme de simples négociants, ou à l'article payé au prix de quelques billets de mille, sous couleur de pots-de-vin, car le nombre n'est malheureusement pas encore trop limité des journalistes en renom qui ne s'effrayent point de ces marchandages du *donnant donnant*.

Il ne reste, en conséquence, aux ouvrages de la littérature imprimée et brochée que certaines feuilles spéciales et honnêtes, et plus particulièrement les périodiques hebdomadaires, les revues bleues, vertes, jaunes ou orange, les *magazines* mensuels et bi-mensuels et aussi — je ne dis point cela sans tristesse — les journaux étrangers, le plus souvent mieux renseignés sur notre talent national et sur nos écrivains nouveaux que nous ne le sommes en général, dans ce Paris où tout est cabotinage, jusqu'à l'œil en coulisse de la Renommée, cette première grande sauteuse des féeries en carton de la Gloire.

Il s'ensuit que les faiseurs de livres, se voyant à chaque heure nouvelle plus nombreux et sentant le peu de moyens dont ils disposent pour se faire connaître de ce grand public qui reste à leurs yeux comme la terre promise des succès à éditions successives ou à *mille* numérotés, agissent un peu comme les naufragés et se bousculent, se hissent, s'étouffent, se piétinent, pour jeter leurs précieux bagages dans les canots de sauvetage de la publicité qui s'offre encore à eux. Il y a forcément encombrement, et toute la pacotille fait parfois le plongeon en route; c'est un peu au petit bonheur, et jamais la fortune ne s'est montrée plus capricieuse, plus femme, plus aveugle que dans la distribution de ses sourires aux gens de lettres, car jamais un chef-d'œuvre n'a autant couru de risque qu'aujourd'hui de rester inconnu, alors que des centaines de publications médiocres se voient célébrées par *l'inexplicable* du sort, aidé de la roublardise de leurs auteurs.

Un des diagnostics les plus significatifs de cet état de choses et du détraquement normal des esprits à l'heure actuelle est, cela s'explique par ce qui précède, la soif immodérée de la réclame, le délire de l'annonce, la fièvre du grand article, la boulimie de la chronique élogieuse ou de l'entrefilet flatteur qui tient en mauvaise haleine tous nos contemporains. Oncques l'assaut à la publicité n'avait été plus furieux qu'en ces dernières années; chacun brûle de se voir affiché dans l'entre-colonne des journaux et la vanité paye à prix d'or ou de bassesses, en monnaie sonnante ou en obséquiosités louches, la faveur de voir telle action ou telle œuvre ingénieusement lustrée d'éloges en bonne page des feuilles quotidiennes ou périodiques.

Dans le monde littéraire, ce mal a atteint son apogée, et le paroxysme est d'autant plus intense et stupéfiant qu'il y a pléthore dans la production et anémie dans la critique. La bibliographie consciencieuse disparaissant peu à peu de la presse et le livre se multipliant avec surabondance, le public semble mis au défi et à la question. — Un ouvrage paraît, fixe une demi-seconde l'attention; puis un autre se présente et l'accapare aussitôt; c'est un flux perpétuel, mais si bruyant et si tumultueux qu'on n'ose y regarder de trop près, de peur d'y laisser choir son intellect et d'y noyer son jugement. La critique minutieuse essaye bien de sauver quelques épaves et d'écluser un peu de réputation, sur ce grand fleuve d'indifférence et d'oubli, à ceux qu'elle aperçoit le plus en relief au fil de l'eau; mais elle ne peut remplir son office que patiemment, et les affamés de gloire ou de considération hâtive se raccrochent aux cloches de la réclame et s'efforcent de provoquer les regards par des contorsions immodestes ou incohérentes.

Cette grande hystérie du charlatanisme littéraire, qui n'épargne pas les plus sages, mérite d'être étudiée dans ses manifestations d'aveuglement et d'égoïsme, et tous ces possédés du prurit de l'éloge valent bien qu'on les discute et les disculpe à la fois. — Je m'y essayerai d'autant plus volontiers que le sujet m'intéresse et que je me crois placé assez juste à point, en plein monde de la librairie et de la presse, pour distinguer les causes et les effets avec une assez douce et peu chagrine philosophie.

L'auteur, le critique ou réclamier et le public se trouvent placés à trois points de vue très différents, qui ne leur permettent de juger les choses que sous des aspects entièrement dissemblables. Prenons-les tour à tour pour les mieux observer.

— L'écrivain qui conçoit son œuvre dans le domaine scientifique, poétique, historique ou analytique, y absorbe totalement sa pensée et sa vie; il promène son rêve avec le véhicule de la foi et formule son idéal, ses fantaisies, sa didactique ou son jugement, avec l'assurance de son talent ou l'outrecuidance de son génie. Il hypnotise son concept dans son travail, il sent cette sorte de maternité intellectuelle qui porte à son cerveau toutes ses forces agissantes; il est en pleine gestation et pense accoucher d'une publication unique, prodigieuse, originale, à nulle autre pareille; il se châtie dans son manuscrit et se mire dans ses épreuves typographiques.

Songez que, durant un an, six mois ou quinze semaines, il est resté enclos dans sa création dont rien ne l'a pu distraire. Ce fut pour lui une enfanture toute spéciale, une incubation intellectuelle dont il s'est engrossé et enorgueilli inconsciemment jusqu'à l'amour-propre et l'égotisme le plus paradoxal. Il s'est enfermé avec son œuvre jusqu'à ce que son œuvre sortît de lui. Tant qu'il l'a couvée, il n'a rien craint pour elle; mais dès le moment où cette chose issue de sa moelle et de ses veilles a été sur le point de prendre son essor dans la société, il s'est vu tout épinglé de préoccupations et de soucis d'avenir, car il a rêvé pour elle les plus hautes destinées.

L'ouvrage paraît enfin, avec les langes de sa couverture coquette où le titre semble sourire au passant. C'est, pour l'écrivain, le grand jour du baptême, le jour sacro-saint, où, transporté par la religiosité profonde de son *soi*, il lui semble que le monde va être transformé par l'apparition de son *livre-Messie*, et qu'il n'y aura pas assez de cloches dans tous les campaniles du journalisme pour en carillonner la joyeuse venue.

Aussi, contemplez-le dans son rayonnement de paternité superbe; il écrit des envois ou des dédicaces à tous les militants de la plume, avec autant de fierté qu'un héros annonçant sa victoire; il ne s'inquiète point de savoir si l'heure est propice, si l'atmosphère trop chargée d'événements ne nuira pas à la délicatesse de sa progéniture cérébrale, si le marché public n'est point encombré d'autres ouvrages qui écraseront par le scandale ou la vulgarité éclatante la distinction fine de sa fiction d'art; il ne veut rien voir, rien entendre que cette sirène intime qui chante en lui l'hymne de la bienheureuse délivrance : *Noël! Noël! Béni soit l'enfant idéal et sublime!* et ce chant dont il se grise, il pense qu'il va se répandre par les cent mille échos de la presse et emplir tout l'univers étonné.

Durant la quinzaine qui suit l'apparition de son rêve imprimé, il ne vit plus de sa vie propre, il est en mal de réputation, de bruit, de célébrité; il attend tout de la voix publique, et dans chaque journal qu'il déploie, il recherche fébrilement l'article ambitionné, la mention flatteuse, l'entrefilet bienveillant, et, à défaut d'une critique impartiale, il se complaît à la lecture de la petite réclame chamarrée d'éloges que son libraire, si ce n'est lui-même, a rédigée et largement mise en circulation.

Dans ses promenades, il scrute l'œil de ses amis, quêtant un mot d'enthousiasme passager ; il va de librairie en librairie flairer la vente et inspecter les étalages ; puis, de plus en plus sombre et nerveux, il s'abonne à *l'Argus de la Presse* ou à *l'Œil de lynx* afin que ces Agences le tiennent au courant de tout ce qui se débitera *urbi et orbi* sur les mérites de son œuvre. Ce n'est plus un homme, c'est une hyène en cage.

Enfin, sans qu'il y paraisse, lentement sa patience se lasse, son enthousiasme s'assoupit et sa rancœur s'éveille ; il se sent irrémédiablement noyé dans le flot d'imprimés qui sourcent de toutes les typographies de France ; il accuse sourdement la sottise publique, l'imbécillité bourgeoise, l'indifférence des foules ; il se dresse contre les critiques, « ces vendus » qui ne savent point découvrir le vrai mérite sur le lit de bouquins où ils se vautrent et s'endorment ; il se range, sans y prendre garde, dans la grande légion des mécontents et des incompris ; il erre découragé, amolli, rancunier, boudeur au monde, banni de gloire, jusqu'à ce que l'ambition le remorde fortement au cœur et qu'il se replonge dans un nouveau travail, régénéré par le labeur et la lutte, enivré par la chaleur de la conception qui prend forme, plus modéré dans ses désirs et surtout moins naïf vis-à-vis des confrères et de l'indifférence mondaine.

★
★ ★

Si l'auteur sus-désigné est Parisien de résidence et qu'il publie annuellement deux ou trois ouvrages, il se blasera vite sur la cuisine au laurier de la critique, il deviendra vivement, sinon indifférent, du moins légèrement sceptique; il indulgentera les faiseurs d'anges dans le domaine des paradis artificiels de la célébrité; il sera miséricordieux au public, et de plus en plus distrait de sa personnalité par la personnalité des autres, dans ce grand mouvement de libre-échange des sociétés littéraires, il ne tardera pas à reconnaître que la joie seule de faire une œuvre affinée est assez intense et ineffable pour être payée au prix de tous les silences et de toutes les ingratitudes de la Béotie universelle.

A l'écrivain moderne, j'opposerai le critique moderne, lettré, indépendant, honnête et sincèrement épris des lettres; car je veux croire que, pour rarissime qu'en soit l'espèce, elle existe encore à quelques exemplaires humains; je prendrai donc ce justicier équitable, passant ses nuits à lire et ses jours à analyser les sensations de ses lectures. Ce sera, si vous le voulez, le bibliologue idéal, cuirassé de toutes les vertus sacerdotales. Je le prendrai dès le début de sa carrière, et j'essayerai de tracer son portrait dans la manière un peu vieillotte du xviie siècle, sous le masque passe-partout d'Ariste. Nous y voici.

Ariste est entré dans les lettres avec un bagage d'études si considérable que ses amis craignaient qu'il n'eût à payer l'excédent au guichet de l'opinion publique. Très versé dans les anciens et imbu des œuvres des derniers siècles, il y apportait en outre une personnalité très réelle, et, qui mieux est, un caractère de haute droiture et de parfait jugement.

L'amour des livres, plutôt la biblio-psychologie que la bibliophilie, dirigea sa plume vers la critique; il y réussit, et ses sentences eurent grand crédit auprès des délicats. Ariste, jeune encore, se jura de demeurer étranger à toute coterie et de fuir les amitiés littéraires; il voulut ne connaître que les œuvres et ne subir pas l'influence des hommes; il y réussit tout d'abord, mais peu à peu il eut la désespérance de remarquer qu'il n'est point d'isolant possible dans une république d'écrivassiers, et, sans qu'il pût se rendre compte comment la chose lui était advenue, il se vit bientôt presque autant d'amis que Paris comptait de faiseurs de livres, tous « très chers confrères » qui lui baillaient le baise-mains dans des dédicaces non moins chaleureuses que follement sucrées.

Il se roidit cependant, se dégagea, essayant de faire le cercle autour de lui par des horions nettement appliqués sur les méchants auteurs, les plus agressifs dans leur amitié; il donna du bec sur les gens de plume; mais plus le bec était dur, plus les plumes se montraient caressantes et les sourires engageants. Sa réputation était faite ; les lettres pleuvaient sur sa table, les livres débordaient de toutes parts, sur les meubles, sur les chaises, sur les tapis ; le flot montait toujours.

Ariste lutta désespérément ; il s'efforça de tenir tête à cet élément d'impressions qui submergeait lentement jusqu'à sa volonté et à son culte littéraire ; mais déjà il ne lisait plus, il effleurait un livre, en respirait l'esprit sans entrer en plus intime commerce avec lui. — Son logis n'était plus la Thébaïde d'autrefois, le coin béni des communions d'idées à la sainte table des travaux patients, c'était une sorte de bureau où tous les « fraîchement imprimés » venaient se faire enregistrer. On sonnait...: des livres, des paquets de livres lui étaient remis... il les regardait, les jugeait d'un premier coup d'œil, remettant au soir un plus complet examen. On sonnait encore... et de nouveaux livres lui étaient portés avec lettres justificatives, recommandations et tablettes de louanges toutes prêtes à être diluées en articles, sur un feu doux d'enthousiasme ; — on sonnait, on sonnait toujours, et les livres s'entassaient, parfois tenus en mains par leurs auteurs importuns qui brisaient toutes les consignes, pour paraphraser longuement l'esprit de leur œuvre, pitoyables à force de raisonnements... On sonnait... on sonnait, on sonnait ; dix ouvrages, quinze ouvrages montaient ainsi chaque jour chez Ariste, qui sentait sombrer tristement sa foi et mollir son courage.

Il n'était point de ceux qui se disent : je lirai tel livre signé d'un nom estimable et je négligerai les autres ; il était bien, au contraire, attiré vers les inconnus, vers les jeunes, vers les fiers qui venaient à lui sans juger utile de maculer d'une banale dédicace la virginité des faux-titres ; il se disait que parmi tant de romans, tant d'œuvres diverses d'histoire, de mélanges et d'érudition, il y avait à n'en point douter des justices à faire, des écrivains à révéler, peut-être des chefs-d'œuvre à mettre en lumière ; mais il était vaincu, vaincu par le temps, vaincu par la place réservée à ses articles, vaincu par la production incessante, vaincu en un mot par l'impossible.

Il en arriva à se fier au hasard, à faire la part du feu et de l'oubli ; il éprouva le vide et la misère de sa profession, et, lorsqu'il tentait de revenir à ses lectures anciennes, à ses auteurs de prédilection, aux véritables maîtres de notre tradition littéraire, il apercevait le néant de ses efforts et regrettait amèrement le temps pour ainsi dire gaspillé sans fruit à batailler en mercenaire pour le compte d'autrui, les heures perdues à se créer des ennemis et des ingrats, tant de phrases écrites sur les nuages qui passent, alors qu'il eût pu concentrer ses forces, les discipliner et surtout conserver sa religion de lettré, pour s'encloîtrer dans un travail de rêveur, qui l'eût fait heureux, grand à ses propres yeux et surtout indépendant des œuvres de tous.

Ariste le critique, c'est aujourd'hui X, Y, ou Z, c'est mon voisin, c'est moi-même, ce sont tous ces lapidés misérables qui reçoivent sur le crâne les quinze ou dix-huit cents volumes dont les presses, comme autant de frondes, les accablent chaque année. — Gloire à ces écloppés, chez qui vibre encore l'amour du beau ; ils sont restés conducteurs, s'ils n'ont pu se montrer révélateurs ; mais, au soir de la vie, plaignons-les, car la tristesse les gagne et ils ressemblent à tous ceux qui ont prêté leur dos comme échelon au succès d'autrui. Ceux qu'ils ont aidés dans leur ambition, du haut de leur Olympe glorieux, les regardent hautainement comme les parias du paradis lettré.

⁂

Je me suis essayé à démontrer l'état moral de l'écrivain dans la pullulation bibliographique du jour et à peindre l'inanité des efforts du critique puritain au milieu du dévergondage des impressions fourmillantes de ce temps. La situation du public, qui est plus sage, a-t-on dit, que le plus sage des critiques, n'est pas moins lamentable ;

écœuré par la réclame, berné par les comptes rendus hâtifs, désabusé de toutes parts, il apparaît comme le Géronte de la comédie entre Léandre et Scapin ; il endosse tous les mécomptes et paye les frais de tous les mauvais tours qu'on lui joue.

Perdu parmi tant d'ouvrages et de boniments qui violentent son attention, il devient le plus souvent la proie d'un troisième rôle, très retors et très insinuant, qui est le libraire. Celui-ci possède toutes les influences du dernier ressort, on va à lui en confiance et avec ingénuité, sans se douter de ses sympathies ou antipathies aveugles, et on prend ce qu'il donne, en mouton de Panurge, sur l'assurance que *ça se vend*. — Le pauvre public est à la fois le jouet des amitiés littéraires et des réclames payées ; en dehors de quelques écrivains sincères dont il adopte volontiers le jugement sans remords, il ne croit plus à rien ; il lui semble vivre dans une société de pickpockets et il se fait voir chaque année plus méfiant, plus indifférent, plus lassé.

Certes, je ne saurais y contredire, il y a de quoi ; — à force d'acheter des livres qu'on lui signale et qu'il repousse à la lecture le plus souvent avec dégoût ou ennui, il est saisi d'un vertige intellectuel assez semblable à ces vertiges d'estomac des dyspeptiques qui ne savent plus à quel aliment vouer les malaises de leur appétit ; de la boulimie initiale, il tombe dans la bradypepsie, et de la bradypepsie dans l'apepsie, et de l'apepsie dans la dysphagie ; rien ne passe plus ; le lecteur apporte une circonspection extrême avant de se lancer dans la lecture de 300 pages d'un roman où il est presque assuré de rencontrer, complaisamment étalées en tartines, les échantillons de tous les excréments d'humanité, les bassesses, les lâchetés de tout ordre, et où il craint de subir la description de la dégradation de l'homme par la femme, sous prétexte de documents, de grand art et de style.

Franchement il regrette aujourd'hui les fictions chevaleresques, les contes aventureux, les Don Quichottades romantiques, les folles équipées des romans d'action qui naguère héroïfiaient son imagination ; maintenant qu'on le traîne dans le terre à terre, qu'on le fait barboter dans les eaux de vaisselle et qu'on l'angoisse dans des transpirations malsaines, il éprouve le cauchemar de toutes ces « joies de vivre », et il proteste avec une certaine raison, il faut en convenir.

La lecture ne le sort plus du train-train sombre de sa vie journalière, elle ne l'élève point dans des idéals qui le dématérialisaient durant quelques heures ; il ne voit qu'une sténographie ou une photographie des vices inélégants. Alors, bien qu'à son esprit défendant, il revient à M. Ohnet, comme il reviendrait peut-être à Rocambole, car il préfère ces choses inoffensives et

sans odeur aux talents trop parfumés, à l'assa-
fœtida qui est de mode.

Doit-on s'étonner, cela étant, de la maladie
grave qui sévit sur le monde de la librairie ? —
Se figure-t-on prendre les mouches avec du vi-
naigre ? — Nous subissons en ce moment tous la
loi des peuples vaincus et décadents qui ne
savent point se relever, fût-ce par un acte de folie
ou de sublime désespoir, et nous restons cou-
chés à terre dans la contemplation et l'analyse de
nos déjections, amollis, veules, démoralisés. Nous
ne regardons plus s'élever la vieille alouette des
Gaules qui montait, montait encore, montait
toujours, planant et chantant dans la lumière ;
nous nous enfouissons peu à peu de nos mains
avec un orde raffinement que nous pensons être
encore de l'Art, et, lentement, nous nous anky-
losons, en notant par dilettantisme nos hoquets,
nos senteurs et nos râles comme les nympho-
manes, jusqu'à l'heure prochaine de la grande
agonie finale ou du « tout à l'égout ».

Je ne suis certes point optimiste, mais voudrais pouvoir espérer. Je ne sais si le grand public
éprouve la sensation de découragement qui se
dégage des conclusions de cette étude, mais je le
perçois vaguement — sali, volé, conspué, étourdi,

ne sachant plus à qui confier ses loisirs et ses délicatesses d'esprit, il me paraît que le vrai et seul contribuable de la librairie ne doit point affirmer ses sentiments dans la formule du docteur Pangloss, et que lui aussi attend, sinon un coup de balai final, du moins un relèvement de l'esprit de fiction..., moins de livres et plus d'*œuvres* et surtout moins de vidanges sociales et plus d'aérostation morale ; — un écrivain digne de ce nom, a mieux que des yeux et un odorat, il a une âme qui demeure comme l'apôtre de son beau idéal ; mais le beau moderne, dans le roman documenté, c'est franchement un peu trop le laid. — Je réclame moins de préciosité dans le sale et plus de propre dans le figuré. Hélas ! les pires modèles ont plus d'imitateurs que les bons. Puissions-nous bientôt revenir à l'*Astrée* et aux bords du Lignon !

LES

FEMMES BIBLIOPHILES

LES
FEMMES BIBLIOPHILES

Les femmes bibliophiles de France. — La femme vis-à-vis du bibliophile. — Opinion de Paul Lacroix sur la femme et les livres. — Le bibliophile marié et marri. — La femme dans l'histoire de la bibliophilie. — Le livre de M. Quentin-Bauchart et les femmes célèbres dans les annales des belles bibliothèques et de la reliure. — De Marguerite d'Angoulême à Marie-Antoinette. — De la recherche de la femme bibliophile dans la société du XIXe siècle. — Les femmes bibliophiles d'Amérique.

UN amateur du dernier galant, M. Ernest Quentin-Bauchart, vient de faire paraître, en deux gros volumes in-8°, un curieux ouvrage, dont le titre surprend d'abord et déconcerte même un peu : *les Femmes bibliophiles de France*[1].

1. *Les Femmes bibliophiles de France*, XVIe, XVIIe et XVIIIe siècles, par Ernest Quentin-Bauchart. Paris, Damascène-Morgand, 1886. 2 vol. in-8°. Nombreuses

Les femmes bibliophiles !... Je ne sache point deux mots qui hurlent plus de se trouver ensemble dans notre milieu social ; je ne conçois pas d'accolade plus hypocrite, d'union qui flaire davantage le divorce ! La femme et la *bibliofolie* vivent aux antipodes, et, sauf des exceptions aussi rares qu'hétéroclites, — car les filles d'Ève nous déroutent en tout, — je pense qu'il n'existe aucune sympathie profonde et intime entre la femme et le livre ; aucune passion d'épiderme ou d'esprit ; bien plus, je serais tenté de croire qu'il y a en évidence inimitié d'instinct, et que la femme la plus affinée sentira toujours dans « l'affreux bouquin » un rival puissant, inexorable, si éminemment absorbant et fascinateur qu'elle le verra sans cesse se dresser comme une impénétrable muraille entre elle-même et l'homme à conquérir.

Je me souviens que le cher et regretté bibliophile Jacob pressait vivement un de ses jeunes amis dans la voie du mariage ; il insistait auprès de lui avec son bon sourire et son exquise affabilité, se comparant au bonhomme Étrenne, et disant malicieusement qu'il avait la manche large et qu'elle était pleine des plus jolis partis. Le

---

planches de reliures aux armes, reproduites en héliogravure. Imprimerie de Danel. Tirage à 300 exemplaires sur vergé à 60 francs ; 50 exemplaires sur chine à 150 francs.

jeune néophyte résistait avec assez de scepticisme, et comme il résumait toutes les raisons et toutes les sagesses qui le feraient demeurer, quoi qu'il advînt, célibataire, l'aimable vieux lettré, désarmé, s'approchait et, tout bas, avec une émotion réelle : « Ah ! mon cher ami, murmurait-il, que je vous félicite ! Vous êtes un sage et serez un heureux... Ne parlons plus jamais de cela ; les femmes, voyez-vous, n'aiment pas les livres et n'y entendent rien : elles font à elles seules l'Enfer des bibliophiles : Amours de femme et de bouquin ne se chantent pas au même lutrin. »

L'excellent Paul Lacroix parlait d'or. Dans notre société française moderne, la maîtresse de maison est hostile au livre ; elle lutte par tous moyens contre la passion bouquinière de son époux, d'abord doucement et presque câlinement, puis peu à peu avec plus d'autorité et de despotisme : il n'est raillerie ou ruse qu'elle n'emploie pour miner cette manie qu'elle juge envahissante et ruineuse, et à laquelle son tact ne peut rien concevoir. Il lui semble que les livres empiètent sur ses droits, sur sa vie, sur l'affection qui lui est due et sur les longues heures de causerie du tête-à-tête. Ces grands esprits muets l'inquiètent et la harcèlent, elle les jalouse, et lentement arrive à les haïr férocement avec l'accumulation de toutes ses rancœurs. Aussi, lorsque l'infortuné époux bibliophile n'est pas gratifié de moliéresques cornes de bouquin, — vulgaire distinction qui assure au moins sa tranquillité, — l'existence lui est faite pénible ou lancinante, et il est rare qu'il puisse jouir en toute indépendance, quiétude et volupté, de sa douce et innocente toquade.

Voyez de quel ton pitoyable une femme minaude cette exclamation digne de figurer dans le *Dictionnaire des lieux communs :* « Mon mari ! je le vois si peu... il vit fourré dans ses livres ! » — Ou encore, écoutez cette voix ironique qui soupire bourgeoisement : « Si je le laissais faire, il mettrait ses vilains bouquins jusque dans Mon Salon ! » — Du haut en bas de l'échelle sociale, le pauvre bibliophile, aussi marri que marié, vit traqué, et se voit presque en interdit dans son intérieur. — Il condense sa bibliothèque en un coin ; il ratatine pour ainsi dire sa passion, il musèle ses ardeurs ; il devient réservé, silencieux, défiant vis-à-vis de sa compagne ; il cache ses achats comme un vice, il dissimule ses désirs, et c'est en fraude, comme un contrebandier, qu'il fait monter par l'escalier de service les nouveaux venus qu'il introduit furtivement à la dérobée chez lui. — Je sais tels ou tels amateurs chez lesquels on ne peut dîner en parlant en conscience et bibliothèque ouverte ; ce sont des pressements de main et de pied, des petites toux sèches qui disent : *chut !* des casse-cous perpétuels dans la conversation. Au soin qu'ils prennent de dissimuler leurs petites folies aux adjudications de la veille ou de l'avant-veille, on pourrait penser qu'ils ont le sentiment d'avoir commis des crimes ; c'est qu'ils se voient devant le tribunal de l'Épouse, où ils savent que les arrêts rendus d'avance sont impitoyables. Ils évitent les dissensions, les discussions, les jérémiades, car ils sont las de lutter pour la cause du livre : les petits nerfs de Madame étant moins souples et moins résistants que ceux de leurs infolio ou de leurs in-16, du temps des bonnes coutures.

Il n'est peut-être point d'amateurs de livres qui n'aient à guerroyer ainsi chaque jour contre les boutades de leurs femmes, et alors même que la paix ait été signée et que Monsieur ne soit plus dérangé dans ses caprices, alors même qu'il lui soit loisible de conférer avec son relieur aussi longuement que Madame avec sa couturière, l'épouse trouve encore moyen de blesser la passion du mari par mille petits coups d'épingles enrageants qui prouvent surabondamment l'irrévérence absolue de la femme pour le livre.

Pénètre-t-elle dans le cabinet marital pour quérir un ouvrage, quels que soient les ménagements qui lui aient été recommandés, elle semble aussi peu en tenir compte qu'un gentil singe d'un objet d'art. Assise sur sa chauffeuse, elle approche du feu les plus belles reliures, jusqu'à faire gondoler carton et maroquin ; et, si elle interrompt sa lecture ou plutôt son babillage de l'œil (car je ne serai jamais bien convaincu qu'une femme ait l'entente absolue de la lecture), — elle placera en guise de signet son mouchoir de batiste en plein milieu du livre, ou bien le campera à cheval sur un guéridon, au risque de lui briser le dos et de chiffonner ou maculer irrémédiablement ses feuillets.

Jamais femme n'a eu la sensation délicate et minutieuse du long coupe-papier qui tranche également les pliures ; elle préfère, lorsqu'elle n'emploie pas les épingles à cheveux, ces petites *liseuses* coquettes qui écorchent les marges et y laissent d'affreuses barbes en dentelle du plus vilain aspect. — Une femme dans une bibliothèque est hors de son cadre ; elle y apporte la grâce, le sourire, le charme, le parfum, elle meuble de sa gentillesse exquise l'austérité de la *Library* ; mais, pardieu! si cette femme est vôtre, veillez sur elle comme sur une guenon familière; prenez garde à ses fantaisies, ayez l'œil sur ses caprices et ne lui laissez manier ni les estampes précieuses, ni les reliures de prix, ni même les mignonnes plaquettes finement cartonnées. Ce serait un désastre!

Les vrais bibliophiles, même mariés, doivent devenir célibataires en franchissant le seuil de leur bibliothèque ; la passion bouquinière n'admet pas le partage : c'est un peu, il faut le dire, une passion de retraite, un refuge extrême à cette heure de la vie où l'homme, déséquilibré par les cahots de l'existence mondaine, s'écrie à l'exemple de Thomas Moore : *Je n'avais jusqu'ici pour livres que les regards de femmes, et c'est la folie qu'ils m'ont enseignée !*

*
* *

Les femmes de France ont cependant laissé de grandes et somptueuses traces dans l'histoire de la bibliophilie, du XVIe au XVIIIe siècle ; toutes les hautes et puissantes princesses, ainsi que les honnestes dames d'austère ou même de petite vertu, les reines de la main droite ou celles de la main gauche, les matrones ou les hétaires royales, ont formé des bibliothèques à leurs armes qui excitent au plus haut point l'intérêt et les convoitises des amateurs. Il n'en faudrait pas conclure que toutes aient eu au même degré le sentiment puissant de l'amour des livres, bien au contraire; et si aux temps anciens les conditions de la vie et de la société étaient tout autres qu'à cette époque de nivellement général, la vanité siégeait non moins en maîtresse sur l'humanité entière. — La femme des hautes classes offrait en exemple des vertus plus fières, sans montrer une morale aussi étroitement limitée par les préjugés; elle était plus gaillarde et moins maniérée, d'une éducation plus large, sinon plus forte, et elle se trouvait portée par une sorte de tradition des Cours d'Amour à protéger les arts et les lettres, et à attacher à sa personne les gentils poètes lettrés et tous les remueurs d'idées qui dévalaient à ses côtés. Pour ainsi dire contrainte de mettre en lumière les œuvres et les hommes de mérite, elle habillait superbement les unes, gratifiait les autres, et gardait comme un fonctionnaire dans ses superbes palais tant de livres originaux qui restaient alignés comme des *minutes* de ses bonnes œuvres et de sa belle intelligence. Moins accaparée et dispersée moralement que la femme moderne, placée plus haut que toutes au-dessus des niveaux bourgeois, vivant par ses largesses qui faisaient d'elle une distributrice d'or, de places et d'honneurs, la princesse d'antan pouvait et devait former une librairie de livres écussonnés à ses armes, de même qu'elle comptait des poètes parmi ses valets de chambre ; mais je n'en demeure pas moins convaincu que ces aimables femmes bibliophiles n'eurent jamais pour les beaux livres cette même passion sincère, éclairée, que les Grolier, les de Thou, les Longepierre, les Pereisc, les La Vallière et autres grands amateurs montrèrent dans l'admirable ordonnance de leurs librairies.

C'était à leurs intendants ou bibliothécaires, hommes le plus souvent de noble savoir et mérite, qu'il appartenait de diriger leurs bibliothèques, de veiller à la reliure et à la conservation de tous ces trésors amassés ; ceux-ci étaient au demeurant les véritables amoureux anonymes de tant de chefs-d'œuvre, les usufruitiers de cette science et de cette poésie imprimées. Ces collaborateurs muets travaillaient pour l'idole, et c'est vers ces mystérieux bibliophiles laissés dans l'ombre que devraient, à mon avis, s'adresser nos hommages et se porter nos recherches. Je me méfie singulièrement des poésies des différents membres de la famille des Valois pour lesquels s'escrimèrent tant d'artistes et de poètes ignorés ou connus. Les illustres femmes du temps jadis semblaient, comme les princesses de légendes, voir se réaliser tous leurs rêves avant même qu'elles les eussent formulés ; entourées de génies complaisants, elles ne jouaient en réalité que très brillamment un rôle dont souvent toutes les noblesses et les beautés leur étaient suggérées ; autocrates en apparence, elles subissaient intellectuellement une manière de régime constitutionnel, et je ne sais si l'on doit dire qu'elles aient aidé à la renaissance des lettres et des arts et non pas affirmer que les lettres et les arts ont concouru aux yeux de la postérité à leur propre renaissance individuelle.

Soit qu'elles ordonnassent des palais, des fresques, des tableaux, des statues, soit qu'elles témoignassent du désir de posséder des manuscrits, des livres uniques, des miniatures ou des reliures frappées à leurs devises et emblèmes, elles avaient toujours auprès d'elles de sublimes architectes, des peintres, des statuaires, des écrivains, des miniaturistes, des calligraphes, des relieurs hors ligne, qui attribuaient dévotement tous leurs mérites à leur gracieuse bienfaitrice, avec autant de componction et de ferveur que le chrétien rapportant à Dieu toutes les nobles et belles qualités dont il se sent doué.

Mais, je ne sais pourquoi, je m'imagine mal dans les grandes salles de Blois, de Fontainebleau, de Versailles ou de Trianon, toutes ces princesses des princesses lisant ou caressant leurs livres, les admirant, les consultant, gazouillant par la pensée mille tendresses amicales à leur adresse ; je suis, à l'avouer, assez franc sceptique sur ce point. Les femmes bibliophiles me font un peu penser à ces gens casaniers ou podagres qui entretiennent une meute inactive dans des chenils de marbre ou de porphyre ; les pauvres chiens gémissent de ne pouvoir donner de la voix sous les futaies ou à travers les taillis, de même que l'âme des livres devait s'atrophier chez les hautes et puissantes dames qui les marquaient à leur livrée, sans jamais désencager leurs idées, leurs rimes ou leurs métaphores, toutes choses faites cependant pour voler, sinon pour être volées.

***

Cette opinion exprimée très personnellement et en dehors des galanteries courantes, je dois revenir au très remarquable ouvrage de M. Ernest Quentin-Bauchart, qui restera comme le Livre d'or des femmes bibliophiles de France aux trois grands siècles de notre histoire. Les deux beaux in-8°, qui ont vu le jour dernièrement, contiennent environ cent vingt noms, ou plutôt cent vingt biographies *bibliothécographiques;* c'est là un formidable travail qui eût fait pâlir d'inquiétude le père Louis-Jacob lui-même, et qu'un simple amateur devait enlever avec une grâce toute mondaine et un savoir déconcertant. Le silence s'est fait toutefois sur cette publication qui eût fait pondre à Sainte-Beuve un de ses plus brillants *Lundis,* ou écrire à Janin un sémillant feuilleton ; mais la critique est bannie aujourd'hui du rez-de-chaussée des journaux, elle est réfugiée pitoyablement dans les sous-sols de la réclame ou aux greniers des annonces; il faut à un auteur, soit monter sur les tréteaux, soit grimacer dans les frises. M. Quentin-Bauchart, trop bien élevé pour ces pirouettes, s'est tenu à l'écart et son livre de même a été mis à l'index du silence; nous lui tendrons donc, tant bien que mal, mais loyalement la main pour l'amener au petit jour de notre publicité. — C'est un cas de conscience pour un ouvrage aussi précieusement élaboré que celui que nous venons de lire et qui, intéressant à la fois l'histoire des lettres et des arts, s'adresse aussi bien aux futurs historiens de la Reliure qu'aux bibliologues, bibliothécographes, curieux et érudits de tous ordres.

M. Quentin-Bauchart a logiquement adopté pour ses notices l'ordre chronologique. Son livre débute par Louise de Savoie, régente de France (1476-1531), et se continue par les portraits historiques et critiques de Marguerite d'Angoulême, Anne de Polignac, Diane de Poitiers, Catherine de Médicis, Marie Stuart, Marguerite de Valois, reine de Navarre ; Louise de Lorraine, Marie de Médicis, Anne d'Autriche, la marquise de Rambouillet et sa fille, la duchesse de Montausier, la duchesse de Montpensier, Mme de Maintenon, Marie-Thérèse, la marquise de Montespan, Anne de Bavière, Marie d'Apremont, duchesse de Lorraine ; la princesse Palatine, la duchesse de Lesdiguières, Mme de Chamillart, Mme de Verrue, la duchesse du Maine et Marie-Adélaïde de Savoie, duchesse de Bourgogne.

Cy finist le premier volume dans lequel, on le voit, sont représentées les plus hautes physionomies des femmes de France.

Le tome second compte moins d'effigies sur pur métal d'or, mais aucune menue monnaie de la célébrité; tout le XVIIIe siècle galant, si coquettement retroussé par Derôme et Padeloup, y est représenté.

Passons en revue tous ces jolis minois à falbalas historiques.

Voici Mlle de Blois, la duchesse de Berry, fille du régent; Louise-Adélaïde d'Orléans, l'abbesse de Chelles, Louise-Élisabeth d'Orléans, dite Mlle de Montpensier, puis la princesse de Conti et, à sa suite, la reine Marie Leczinska côté droit, et Mmes de Pompadour et Du Barry côté gauche; Marie-Josèphe de Saxe, la duchesse de Grammont-Choiseul; Mesdames de France, filles de Louis XV, la princesse de Lamballe, Marie-Antoinette, Madame Élisabeth, la comtesse de Provence, la comtesse d'Artois, et enfin, en appendice, une série nombreuse d'illustres dames de bien moindre importance.

On peut se convaincre, à la lecture de ce répertoire nominal, que, parmi tant de femmes bibliophiles de la plus haute marque, il n'en est guère qui se soient élevées par le livre et chez lesquelles cette délicieuse toquade virile ait pu avoir prise sérieusement. Toutes avaient un *cabinet,* comme on disait ingénieusement, comme elles avaient une ruelle, un salon, un boudoir; c'était alors le complément indispensable de la vie princière; mais sauf Mme de Chamillart, que Saint-Simon peignait « comme la meilleure et la plus sotte femme du monde et la plus inutile à son mari », sauf encore Mme de Pompadour, une artiste véritable, et peut-être la petite Vaubernier, dite comtesse Du Barry, je ne crois aucunement au tempérament bibliophilesque de la majorité des femmes qui ont laissé à la postérité de si nombreux volumes superbement décorés où l'or, les mosaïques et leurs armoiries se relèvent en bosse sur l'éclat des plus merveilleux maroquins.

L'ouvrage de M. Quentin-Bauchart était utile à entreprendre, car l'historien des collectionneurs n'a que faire de se montrer psychologue et moraliste; peu doit lui importer le sentiment qui a conduit tel ou tel amateur à former son musée ou sa bibliothèque; il ne doit considérer que les choses acquises et reconstituer au point de vue de l'art les catalogues des divers cabinets avec les particularités qu'ils représentent et les différences de marques, de monogrammes et d'armoiries qu'ils ont rencontrées sur les objets de provenance célèbre au cours de leurs recherches.

A ces titres, les deux volumes des *Femmes bibliophiles* sont, je puis le dire, irréprochables; chaque chapitre devient une véritable monographie illustrée. Ce sont d'abord les armes avec émaux gravés délicatement, ainsi que les monogrammes que nous donne le publicateur de cet ouvrage, puis les plus beaux spécimens de reliure estampillés à la marque la plus caractéristique de la propriétaire, de telle façon que cette histoire des dames bibliophiles françaises devient pour ainsi dire l'histoire de la Reliure elle-même et celle des maîtres praticiens qui se sont fait un nom impérissable dans cet art si brillant du XVIe au XVIIIe siècle.

« Le titre dont nous nous sommes servi et que nous n'avons adopté que pour mieux indiquer notre but, en généralisant d'un mot notre pensée, n'est pas rigoureusement exact, écrit M. Quentin-Bauchart, avec franchise, en guise d'avertissement à son œuvre. Il y a, en effet, dit-il, deux catégories bien tranchées de collectionneurs de livres : ceux qui considèrent le livre comme un objet de mode et de luxe, ou comme une sorte de valeur de Bourse dont ils suivent les fluctuations avec l'intérêt du joueur, et ceux qui le recherchent pour ce qu'il contient, pour sa rareté et sa belle condition matérielle de texte et de reliure. Ceux-là sont les purs, la phalange d'élite des bibliophiles.

« Autrefois, poursuit-il, le livre était peu recherché et ne pouvait pas devenir comme aujourd'hui un objet de spéculation, mais la distinction que nous venons d'établir n'existait pas moins ; à côté des bibliophiles de race, il y avait quelques grands seigneurs qui possédaient des livres parce qu'il était de bon ton d'en avoir, mais ne les regardaient et ne les ouvraient jamais. Les premiers passaient le plus souvent pour des maniaques, et La Bruyère, en comparant leurs bibliothèques à des *tanneries,* a prouvé que, chez les plus grands moralistes, le goût peut n'être pas toujours à la hauteur de l'esprit.

« Cette différence existait à plus forte raison chez les femmes. Beaucoup de grandes dames ont eu des livres aux siècles passés, mais presque toutes en ignoraient le contenu, et le titre de bibliophile ne leur est guère applicable. Le livre acquis, relié et rangé avec plus ou moins de méthode dans une armoire luxueuse, l'effet était produit, et elles s'en tenaient là.

« Diane de Poitiers, Catherine de Médicis au XVIe siècle, la grande Mademoiselle et la comtesse de Verrue au XVIIe, Mme de Pompadour au XVIIIe, sont les seules qui aient laissé de véritables bibliothèques; et si d'autres, telles que Marie de Médicis, Anne d'Autriche, la duchesse de Bourgogne, la marquise de Maintenon, etc., ont possédé des livres qui jouissent également d'une grande faveur auprès des amateurs, c'est moins à leur valeur intrinsèque que cette faveur est due qu'à la beauté de leur reliure et à leur origine. Le sentiment, remarque également M. Bauchart, entre aussi pour une grande part dans la recherche d'un livre, et c'est à cet ordre d'idées qu'il faut attribuer le prix que certains amateurs accordent à des volumes ordinairement mal reliés, mais qui ont appartenu à des personnes illustres par leur naissance ou intéressantes par leurs infortunes, comme Madame Élisabeth, la princesse de Lamballe et Marie-Antoinette. »

L'auteur ne se fait donc pas illusion sur le titre de son livre ; il sent fort bien par lui-même toutes les objections faites plus haut sur les fausses apparences de la bibliophilie féminine ; mais il pouvait malaisément choisir une autre désignation pour sa galerie de portraits, et le plus grand charme de son étude a été de suivre pas à pas, avec un excellent esprit critique et un judicieux sentiment d'art, les progrès de la reliure française dans ses manifestations les plus diverses.

*
* *

Il semblerait que la femme ait prêté de sa grâce, de sa séduction et de sa légèreté aux premiers livres confectionnés pour elle. Jusqu'à la fin du moyen âge, la reliure peut être en effet considérée comme un art presque exclusivement monastique ; l'habit civil du livre ne s'intronisa et ne fut divulgué en France qu'aux débuts de l'invention de l'imprimerie ; on pourrait dire qu'il s'affina et s'aristocratisa tout en se démocratisant. Aux lourds dais de bois succédèrent peu à peu les plats de carton ; les peaux de truie et de cerf firent place au maroquin et aux peaux amincies ; les parchemins, jadis gaufrés ou estampés, se couvrirent de légères dentelles d'or, et toute l'orfèvrerie massive, qui faisait ressembler un volume à une sainte châsse, disparut tout à coup, cédant le pas à une ornementation délicate et harmonieuse.

Marguerite d'Angoulême, cette perle fine des Valois, cette *fleur suave de poésie,* comme la nommait Clément Marot, fut une des premières à faire sentir son influence et son goût exceptionnel, et les rares manuscrits qui nous viennent de la *Marguerite des Marguerites* témoignent de l'excellence de son tact pour tout ce qui concernait la décoration intérieure et extérieure de ses livres.

« L'influence italienne qui s'est fait sentir dans toutes les branches de l'art au début de la Renaissance est alors toute-puissante, observe M. Quentin-Bauchart; les maîtres italiens sont nos initiateurs et deviennent nos modèles; mais, avec Diane de Poitiers, l'art de la reliure revêt une physionomie nouvelle, une personnalité propre, et nos ouvriers, par l'élégance de leurs œuvres, le sentiment exquis de la forme qu'ils apportent dans leurs compositions, conquirent une suprématie qui ne sera plus dépassée... Avec Marguerite de Valois, le goût change et devient en quelque sorte plus féminin : les filets croisés, les liteaux et les arabesques font place à des couronnes de feuillage symétriquement répétées qui couvrent les plats et le dos du volume; au centre de ces couronnes se trouvent des fleurs diverses où domine la marguerite... La reliure des livres de Marie de Médicis est toujours élégante, mais devient déjà plus simple. La dorure se compose d'un semis où les chiffres de la reine et les fleurs de lis alternent en se reproduisant à des intervalles égaux. Souvent, moins compliquée encore, elle ne consiste plus que dans un simple milieu à branchages où sont poussées les armes.

« Le nom d'Anne d'Autriche marque à son tour une époque de transformation, écrit encore dans sa succincte et parfaite introduction l'élégant biographe des *Femmes bibliophiles;* c'est, en effet, dans la seconde partie du règne de Louis XIII que se révèle Le Gascon. Il imagine un genre absolument nouveau et substitue aux semis monotones et aux lourds encadrements fleurdelisés que ses prédécesseurs avaient mis à la mode de simples filets droits ou courbes aux coins pointillés, accompagnés de milieux copiés le plus souvent sur de riches dessins de broderies et de dentelles; mais ce sont là les premiers tâtonnements d'un artiste qui a conscience de sa valeur et qui cherche sa voie. Il est bientôt en pleine possession de son talent, et nous voyons apparaître, à la fin de la minorité de Louis XIV, ces magnifiques entrelacs dont les compartiments et les fonds, entièrement couverts de pointillés, ont mis le comble à sa réputation. »

L'aimable auteur de ce livre curieux poursuit ainsi le résumé sommaire de son œuvre. A chaque étape de ce rapide coup d'œil historique sur l'art de la reliure, il fait jaillir lumineusement un nom d'illustre reine ou d'aimable princesse; c'est que toutes les histoires en France peuvent s'écrire par les femmes; de partout elles surgissent... partout elles donnent le branle. Dans notre nation de galanterie, nous avons fait à la femme une place si incroyablement vaste qu'elle semble, en bien ou en mal, être la grande inspiratrice de toutes choses, et qu'à travers tous les règnes, elle apparaît charitable ou néfaste, portant le pays à la gloire ou l'abîmant dans la ruine. Il n'est si petite monographie historique où la femme ne joue son rôle prépondérant, et si les histoires en général ne sont, comme on l'a dit, que des mensonges immortalisés, c'est que la femme ici-bas n'a mis que trop souvent la vérité en mascarade.

Même dans les annales des livres, ce camp ennemi où elle s'est introduite pour marquer à ses fers comme autant d'esclaves les volumes qu'elle emprisonnait dans ses palais, voyons-la au XVIIe ou au XVIIIe siècle toujours suivant les modes et les relieurs de qualité. Voici cette diablesse faite ermite qui eut nom Mme de Maintenon; elle semble fuir l'éclat des ors et des dentelles; elle encapuchonne ses livres à *la janséniste,* les relevant à peine d'un double filet aux angles, suivie dans cette voie modeste par la petite Mme de Chamillart, femme du ministre des carambolages, et le *jansénisme bibliopégique* devient de bon ton, de suprême distinction; il faut tout le talent des Du Seuil et des Boyet pour ramener l'ornementation un moment exilée et faire revivre les éclatantes dorures gaufrant le maroquin.

Au siècle suivant, la pruderie s'efface, la femme s'épanouit dans la licence; il faut de la couleur aux belles anémiées; la reine Marie Leczinska fait naître la dynastie des Padeloup; les mosaïques éclatent, les dorures chantent dans des reliures à *la fanfare,* les maroquins rutilent et se doublent de tabis; le rouge, le citron, le grenat, le vert nature teignent les peaux d'Orient, les médaillons sont semés sur les plats, les grenades mosaïquées s'entr'ouvrent dans de larges feuillages d'une allure persane: c'est la splendeur d'un règne de plaisir qui s'affiche sur l'extérieur des livres. Avec les courtisanes régnantes, le rococo survient, le rococo, art charmant inanalysable qui serpente partout comme une farandole aux sinuosités vertigineuses; le rococo de la Pompadour s'attache aux volumes du jour, et la tour de la favorite dresse sa silhouette crénelée sur tous les livres à ses armes.

Mesdames de France, Madame Adélaïde, Madame Victoire et Madame Sophie forment chacune une bibliothèque spéciale, adoptant un ton maroquin différent que Derôme décore de son mieux. La comtesse Du Barry elle-même possède une bibliothèque dressée sur commande, et son audacieux *Boutez en avant,* devise superbement cynique, est frappé en plein cuir sur ses volumes les moins recommandables.

Marie-Antoinette trouva moyen, au milieu de sa vie chargée d'occupations futiles, de se composer une des plus considérables bibliothèques du temps ; ses livres, en grande partie reliés par Blaizot, étaient revêtus de maroquin rouge aux armes de France et d'Autriche accolées. Ses reliures semblent porter en elles le présage de la décadence ; elles se démocratisent et montrent un regrettable relâchement dans le corps d'ouvrage ; le cartonnage apparaît déjà, symbole du *sans-culottisme* de la bibliophilie ; ce sont des petits livrets couverts de soie, chargés de miniatures ou ornés de paillettes d'or, d'argent ou de bronze rouge ou bleu qui rappellent les lampions des futures fêtes républicaines.

C'est qu'avec elle la dernière femme bibliophile va disparaître, la dernière grande Française dans toute la majesté et l'élégance affinée du mot. Après elle, l'histoire des livres semble restreinte par des lois somptuaires, et je serais curieux de

savoir comment M. Quentin-Bauchart aurait pu
continuer durant ce xix⁰ siècle l'histoire des bibliothèques privées féminines. — Il me paraît que la
chose serait totalement impraticable. — Qui donc
me citerait un nom ?... Je sais bien qu'il existe
à la Société dite des grands Bibliophiles une ou
deux hautes et nobles dames qui fraternisent
avec le maroquin écussonné, et, d'autre part, aux
Amis des livres, Mme Juliette Lamber a pris place
parmi nous. C'est égal, je me défie des titres et
soupçonne fort ces passions de façade.

Pour me résumer, l'ouvrage de M. Ernest
Quentin-Bauchart est destiné à rester comme un
recueil indispensable dans la bibliothèque de tous
les amateurs et bibliographes; il peut prendre
place à côté de l'Armorial du Bibliophile, non
loin du Brunet et assez près du guide Cohen,
mais il demeure incomparablement supérieur à
toutes ces publications par la splendeur de sa facture et par son illustration, tout en restant leur
égal par la perfection de son texte et l'abondance
de ses documents.

Si j'en avais le loisir, je voudrais toutefois y
ajouter un appendice humoristique ; ce serait une
Physiologie de la femme bibliophile, petit traité à
la manière noire, où j'essayerais de montrer comment ces *bas de cuir* sont parfois dignes d'être
assimilés aux *bas bleus...* à quelques coins d'or
près. — Le sujet serait délicieusement affriolant;

je n'ai fait ici que l'effleurer d'une plume si légère qu'il ne vaut pas la peine d'en parler.

Pour avoir à diverses reprises traité en passant cette question de la femme bibliophile et avoir émis des doutes sur la sincérité de cette passion chez nos aimables contemporaines, il paraît que j'aurais suscité contre moi un terrible courroux chez les citoyennes de la libre Amérique. Il ne s'agirait rien moins que de me *lyncher*, si j'en crois *la Tribune* de New-York et divers autres journaux ou magazines. Je suis traité de *cynic Frenchman* et houspillé de la belle manière pour mon manque de galanterie ou plutôt pour mon accès de franchise. — « Parlez pour les Françaises, me crie-t-on, mais mettez à part les belles bibliophiles d'Amérique ; celles-ci ont la foi, l'entraînement, l'amour et le respect du livre... » Je veux bien le croire, mais peut-être dois-je craindre que ces illustres *book ladies*, Dianes chasseresses du bouquin, n'aient perdu beaucoup des charmes, des grâces et de la légèreté exquise qui à mes yeux constituent le plus bel apanage féminin. Ces amies du *old morocco* et des *Etchings* ont sans doute abdiqué en faveur du *sweet book* la psychologie du *sweet heart*, et de cela je les plaindrais en toute contrition. Peut-être aussi ont-elles trouvé dans les livres cette passion de retraite qui *poudrederize* les rides d'une consolante philosophie... Mais s'il s'agit de la femme jeune, militante, active, de l'amazone chevauchant encore au pays du Tendre, de la femme vraiment femme, comme la rose est rose, et non gratte-cul... de lampe, alors je demeure sceptique, et j'offre ma tête à scalper.

Qu'il existe à New-York et dans tous les États-Unis du Nord des ladies Banknotes capables d'acquérir les plus beaux livres anciens et modernes et de les faire relier somptueusement par Matthews et autres fameux *book-binders*, j'en suis assuré; que ces épouses de *business men* se forment une sérieuse *library* par mode et vanité, je n'y contredis point; mais cela ne contribuera pas davantage à me donner la preuve d'une Américaine bibliophile qu'un sérail d'Oriental no me révèlera la présence d'un fin connaisseur en matière amoureuse. Les aimables Yankees ont une tradition trop peu lointaine pour être sensibles aux charmes du gothique et de l'incunable; je leur accorde bien volontiers d'être moins ombrageuses, moins étriquées dans leurs vues vis-à-vis de leurs maris *book hunters* que la majorité des bourgeoises françaises; je ne les taxe d'aucune jalousie contre ces pauvres livres, étant données leur large conception de la dépense courante et l'habitude du *home* spacieux; mais je resterai encore longtemps incertain du goût réel, profond, inné et éclairé de la femme pour le livre, à quelque nation qu'elle appartienne... Des liseuses et des collectionneuses, tant qu'il vous plaira ; mais des amoureuses de livres par connaissance, par tact, par étude, par bibliognosie et polymathie... Eh ! eh !... ceci reste à démontrer, et je m'offre comme examinateur à celles qui, dans ce but, voudront bien franchir l'Océan, munies du signet diapré de la jeunesse.

Après cela, je pourrai léguer ma peau dorsale pour relier le présent ouvrage à celle qui m'aura converti de mes erreurs et de mon indignité.

CAUSONS GRAVURE

CAUSONS GRAVURE

Une encyclopédie des graveurs de ce temps. — Henri Béraldi : portrait à la plume. — Le catalogue accordéon. — Le procédé Béraldi. — L'argot de la gravure. — La cuisine de l'eau-forte. — Les papiers d'épreuves. — Une physiologie à faire sur le graveur de ce temps. — L'estampe partout ou la vie à l'estampe. — Chéret, le Véronèse des murailles. — Les trois âges de la gravure. — Félix Buhot et Félicien Rops. — La lithographie enterrée. — Réhabilitons l'héliogravure. — Le portrait Béraldi.

ON a récemment publié de nombreux ouvrages sur la gravure, son histoire et ses divers procédés. Le vicomte Henri Delaborde, M. Alfred de Lostalot, Gustave Bourcard, le baron Roger Portalis, et bien d'autres que j'oublie, ont écrit des ouvrages intéressants et très utiles à divers points de vue sur ce grand art d'interprétation et de vulgarisation. Il nous manquait encore néanmoins à nous autres collectionneurs, catalogueurs, névrosés d'*iconofolie*, une œuvre spéciale, conçue par l'un des nôtres et faite à l'image de notre toquade; un livre documenté, sérieux, bien que relevé d'humour, une encyclopédie des graveurs de ce temps. — Henri Béraldi est venu satisfaire à ce desideratum, et le malin panégyriste de la Bibliothèque Paillet, le fin metteur en lumière de *Mes estampes* a entrepris, avec une grâce extrême, de mener à bonne fin cette publication colossale d'un véritable dictionnaire des graveurs du xixe siècle, devant servir de guide aux amateurs d'estampes modernes[1].

Un tel travail aurait fait frémir par sa hardiesse, en des temps moins productifs cependant, les Abraham Bosse, les Caylus, les Bazan, les Adam Bartsch, les Joubert, les Robert Duménil et les Prosper de Baudicourt; le vieux papa Ambroise-Firmin Didot, très compétent sur la question, aurait regardé avec un œil d'aliéniste le téméraire qui serait venu lui proposer l'édition de ce formidable catalogue; mais Béraldi n'est point allé quêter l'appui d'aucun éditeur, il a voulu élever ce monument *ex labore et sumptibus suis;* très fier, très patient, très audacieux, il ne s'est pas aveuglé sur les difficultés de son œuvre; il a laissé de côté les conseilleurs, les timorés, les indécis, et il est parti en guerre avec la belle

---

1. *Les Graveurs du* xixe *siècle, guide de l'amateur d'estampes modernes,* par Henri Béraldi. In-8º, 6 livraisons (A à G) parues. — Paris, L. Conquet, éditeur.

devise de Charles-Quint : *Le temps et moi contre tous.*

Ne vous ai-je point présenté Henri Béraldi ? Quel incroyable oubli !... Messieurs, permettez-moi...

Henri Béraldi, chevalier de la Légion d'honneur, services exceptionnels — ne pas confondre avec l'*Indépendance belge*, — jeune... naviguant sur le vaisseau amiral, vers le cap de quarantaine, élégant, svelte : mine d'officier d'état-major, dessiné par Detaille (gravure de Bracquemont) ; moustache finement burinée, bouche ironiquement retroussée à la pointe sèche, œil froid s'animant au contact de la « belle épreuve », allure calme, très correcte, flegmatique, une véritable apparence d'inquisiteur d'*États;* peu bavard, quoique très disert, aimable sans affectation ; l'esprit à la cantonade et le regard toujours au guet, — sincère comme un acier de *Keepsake,* sans truquage ni *caches ;* mordant comme l'eau-forte à l'occasion, mais conciliant comme le brunissoir, s'il devine qu'il est allé trop loin. Au demeurant, le gentleman iconophile dans sa fleur et sa quintessence et le plus habile homme du monde dans la Timocratie de l'Estampe.

De plus, messieurs, le *pur des purs;* n'admettant ni compromissions ni transactions. Si vous le mettez en communion avec un livre curieux ou une vignette de valeur, incapable de mur-

murer des éloges à la guimauve; très carré, déclarant sans ambages : *c'est parfait!* ou bien : *c'est infect!* déclarant en petit comité : *Ce livre est un atroce graillon!* ou bien : *Cette gravure est une horrible rinçure*, et cela avec une conviction écrasante; le tout dans une gamme de distinction rare, sans éclat bien qu'avec passion, car rien n'échappe à cet œil janséniste. — En *Icono-bibliophilie,* c'est le plus impitoyable intransigeant du beau. — Tel est Béraldi, et, ce qui nous déroute, c'est qu'en ses notes, ses sous-notes et ses miscellanées catalographiques il se montre plus lunatique que le Cousin Jacques, paradoxal comme un Gautier, malicieux comme le Monselet, du temps des *Tréteaux*, fantaisiste et épigrammatique non moins que feu Roqueplan, de boulevardière mémoire.

C'est donc à ce singulier physiologiste-catalographe que nous devons *les Graveurs du* XIXe *siècle*, et cette œuvre énorme, il semble la conduire sans fatigue avec brio comme une figure de cotillon. Six livraisons, six volumes en quelque sorte, ont déjà paru depuis dix-huit mois, six gros fascicules qui se lisent, qui se dévorent malgré la traditionnelle réputation de sécheresse de ces travaux d'inventaires.

C'est que Béraldi sait entrelarder toutes ces nomenclatures d'estampes de son humoristique personnalité ; il les truffe de bon et bel esprit, il les

épice des saillies de ses étonnantes annotations ;
à propos d'un nom, d'un mot, il bat la campagne
selon son caprice et nous entraîne à sa suite, bon
gré mal gré, comme des écoliers en rupture de
ban ; puis il nous ramène à l'étude et semble nous
dire : « Maintenant, mes amis, reprenons la série
des œuvres gravés de M. X ou Z », tandis que
las de nous distraire, nous reprenons le collier...
pour refiler ensuite plus loin, avec l'incohérent et
diabolique professeur.

*
* *

Le but que s'est proposé dans ce travail Henri
Béraldi, c'est d'établir le recensement des graveurs du xixe siècle et de nous donner un répertoire consciencieux de leurs divers travaux,
sous forme de tableaux synoptiques, afin de
faciliter la tâche des collectionneurs et des critiques à venir. Un catalogue, à vrai dire, avec
appréciations très succinctes du mérite de l'artiste,
biographies concises et listes d'estampes aussi
complètes que possible. Cette compilation de
notes semble un jeu d'enfant au premier venu ;
mais pour qui connaît la matière, c'est le plus
horrible casse-tête chinois qui puisse être inventé.
Il ne s'agit pas seulement en effet de dresser la
liste considérable des graveurs de ce siècle, tant
graveurs sur bois, que lithographes, burinistes,

pointe-séchistes, aquafortistes et *eaufortiers,* aquatintistes, hommes du cuivre et de l'acier. Encore faut-il ne pas accueillir que les gens du métier, faire place aux amateurs, aux essayistes, aux peintres qui se sont interprétés eux-mêmes, aux littérateurs-graveurs, tels que Hugo, les de Goncourt et quelques autres, en un mot, faire la levée en masse de tous ceux qui, par fantaisie ou profession, ont laissé circuler des estampes dans notre société et ont manié plus ou moins habilement la pointe ou le burin.

L'intrépide Béraldi ne s'est pas dérobé un seul instant aux clauses ardues de ce cahier des charges. Il est parti bravement du pied droit, non en critique d'art, mais en amateur et en curieux; il a pris, il en convient lui-même, les artistes tels qu'ils sont, non comme on s'imagine qu'ils devraient être, ne leur demandant que ce qu'ils font et se tenant pour satisfait, s'ils le font bien ; il a acquis, chemin faisant, la certitude que le temps présent n'est en rien inférieur au temps d'autrefois, et son œuvre a le grand mérite d'en fournir la preuve, tant pour ce qui regarde le commerce des estampes que pour ce qui touche à l'illustration des principaux beaux livres du siècle.

Je puis dire en outre — et il s'en doute bien, le rusé ! — que ce laborieux iconographe est l'inventeur d'un genre qu'il peut patenter, celui du *Ca-*

talogue compensateur ou du *Catalogue accordéon;* catalogue tout à fait spécial S. G. D. G., d'une souplesse et d'une flexibilité inouïe, en ce sens qu'on le développe et raccourcit à volonté, non pas suivant le nombre des pièces gravées, mais selon la valeur réelle de chaque artiste. Béraldi apporte ici ses qualités de sincérité tranchante, il juge et exécute du *tic au tac*. Un tel,... grand talent, bien que n'ayant gravé que vingt planches : dix pages à ce maître ; tel autre, tempérament médiocre, bien qu'ayant gratté huit cents bois ou cuivres, deux pages seulement ; c'est arbitraire, soit, et l'on peut commettre des injustices de détail ; mais pour l'ensemble, cela nous donne une étonnante impression de vérité.

Cette manière de procéder est conforme à l'équité ; aussi, ce qui distingue les *Graveurs*, c'est que le *Catalogue raisonné* s'y trouve heureusement remplacé par le *Catalogue raisonnable*. Le nom de chaque artiste est placé, sous forme de dictionnaire, en capitales grasses ; l'état civil suit aussitôt, puis vient la caractéristique du talent, une légère appréciation ; enfin, un coup d'œil sur l'ensemble de la production, et en queue (texte petit œil), la nomenclature rigide de l'œuvre ; cela est net, exact, marmoréen. Comme il faut des soupapes fantaisistes à ce métier de dresseur de procès-verbaux artistiques, Béraldi s'est réservé les sous-sols de son livre... Une boutade lui vient-elle au cours de son travail... V'lan, une note, une longue note qui part en fusée, qui s'étend en gerbe, qui pétarade joyeusement en caractères minuscules dans la cave de son grave monument; ces délicieux bas-reliefs ne sont pas l'une des moindres originalités de ces catalectes de la gravure.

Les *fulminates Béraldiques*, ai-je dit, éclatent à la moindre pression et dès qu'ils se trouvent en contact avec une idée vivante dans le domaine des livres ou de l'estampe. Ils détonent à propos du *burinisme* ou de *l'aquafortisme*, ils fulgurent à l'approche de la *belle épreuve* gravée, ils grondent et font explosion à l'occasion « de la qualité du papier moderne », ils ratent un peu à mon avis, au sujet de *l'héliogravure*; mais ils sont vibrants, saccadés, pétillants aux appels des « vignettes romantiques », du jargon des bibliophiles, ou de « l'horreur du caractère elzévirien »; ils se glissent partout au tournant du feuillet, semés au hasard, et ils partent à point; ce sont des chefs-d'œuvre de pyrotechnie qui réjouiront pendant longtemps bibliophiles et iconophiles, car de leurs explosions se dégagent le bon sens, l'esprit pratique, la verve et l'ironie la plus fine.

Dans ce *Béraldiana*, on nous débine tous les trucs de la gravure et de l'édition avec une malice si rare, que Paul Eudel ne pourrait crier à la contrefaçon ; on nous montre toutes les petites misères du métier, on nous révèle toutes les cocasseries iconographiques, on nous instruit, on nous amuse, on nous charme ; mais il est juste d'ajouter qu'il faut être un peu « du bâtiment », pour s'esbaudir comme il convient à ces délirantes bagatelles de la porte, et qu'en dehors d'une certaine zone d'amateurs et d'artistes, ces annotations, qui embaument pour nous le jargon d'une province à part, seraient totalement incomprises comme des nouvelles à la main de Honolulu.

Car il existe un argot de la gravure et de la taille-douce, comme il y a un *argot des typographes ;* mais ce langage pittoresque n'a pas encore trouvé son *Boutmy,* et c'est regrettable ; un profane qui entendrait causer deux aquafortistes ou taille-douciers resterait bouche bée ; il ne saisirait rien à toutes ces terminologies qu'il croirait licencieuses : *très blonde, un peu engraissée, retroussée, noire, vaporeuse, molle, grasse, soutenue, vigoureuse, cuisinée,* sans compter les : *ça fout le camp, il y a de la barbe, mal mordu, égratigné, léché, entaillé, il n'y a rien dessus ;* on penserait ouïr comme un vague écho sadique de la *Philosophie dans le boudoir.*

C'est que l'art du graveur et du taille-doucier exige toute une cuisine compliquée, toute une alchimie incroyable; chacun y apporte sa manière et sa manie, sa toquade et ses procédés, son dada et son secret; quelques chercheurs, comme Félicien Rops ou Félix Buhot, sont littéralement hantés par la recherche des vernis mous, des *grains* à la résine ou à l'alcool, par les roulettes granulatoires, par l'outillage des progressistes, ou par la contre-épreuve à la térébenthine. La question du papier n'est pas moins importante pour ces artistes inquiets et innovateurs ; le japon et le vergé de Hollande, le whatman et le vélin moderne ne leur suffisent point; ils s'enquièrent de toutes parts, chez le bric-à-brac et le bouquiniste; ils lacèrent, les monstres! les gardes des vieux in-folio, les feuillets blancs des manuscrits incomplets du xviie ou xviiie siècle; ils grattent, ils polissent, ils analysent ces solides spécimens des belles papeteries d'autrefois, ces feuilles aux tons crème ou bleu verdâtre, sonores, résistantes, qui donnent des épreuves si fines, des *témoins* si accentués.

L'encollage des papiers contemporains les trouble à l'extrême; ils cherchent encore, ils chercheront toujours; ils combinent de savants mariages de gomme et d'alun qu'ils relèvent d'une foule de mixtures longuement élaborées ; aussi, lorsque des Philistins s'étonnent que de tels raffinés produisent peu, que leur répondre? ils ne sentiraient rien aux mystères du Grand Œuvre.

Nicolas Flamel n'entretenait pas autant de problèmes en sa tête que ces chercheurs d'inaltérable, qui ont la constance de ne pas vouloir que leur art périsse dans la grande débâcle des éphémères productions chimiques de l'industrie moderne. Papiers, encre et cuivres sont voués, dit-on, à la déliquescence. — Ah! qu'il y aurait une curieuse physiologie à écrire sur le vrai graveur du xix° siècle et sa peur du lendemain!

Dans son dictionnaire-catalogue, Béraldi s'occupe des burinistes tels que Audouin, Bertinot, Bervic, Blanchard, Calamatta, Danguin, Didier et Gaillard, ce maître qui vient de mourir, laissant un œuvre aussi élevé qu'il est peu nombreux. Il dresse le répertoire des graveurs à l'eau-forte qui ont nom : Adeline, Allemand, de Bar, Benassis, Bléry, Boilvin, Bracquemont, auquel tout un fascicule est réservé; Buhot, Champollion, Chapelain, Chauvel, Corot, Courtry, Daubigny, Decamp, Delacroix, Delauney, Léopold Flameng, Fortuny, Foulquier, Gaujean, etc. Il réserve une place importante aux lithographes Victor Adam, Alophe, Aubry-Lecomte, Racler d'Albe, Édouard de Beaumont, Bellangé, Bida, Bonington et Devéria. Il n'a garde d'oublier des vignettistes et caricaturistes comme Bertall, Cham-

Draner, ou des graveurs sur bois comme Jean Best ou Brevière; on trouve enfin dans son livre des articles développés sur Charlet et Daumier et des notes peu connues sur Bouchardy graveur, sur Gustave Doré aquafortiste, sur Bresdin (Chien-caillou), qui est remis à la petite place d'où on n'aurait point dû le sortir. En véritable collectionneur, Henri Béraldi voit la gravure en tout et partout, même dans les affiches de la rue, surtout si elles sont signées par Jules Chéret ou Alfred Choubrac, ces Véronèses de l'art populaire. A ce sujet il a écrit une page non moins juste que curieusement observée :

« Le commun des mortels, dit-il, ne se représente l'estampe que sous sa forme solennelle, et la considère comme un objet de luxe qui se place dans les cartons des amateurs et qu'on s'amuse à regarder de temps en temps : plaisir de désœuvré.

« Pour celui qui a l'habitude et l'amour de la gravure, l'estampe au contraire est partout. Il n'est commune si reculée où vous ne voyiez chez le châtelain le portrait du comte de Chambord, chez le curé celui du Pape ou quelque autre image de sainteté, à l'église un chemin de croix (généralement détestable); chez le maire, la chromolithographie des funérailles de Gambetta, à moins que ce ne soit le portrait de Napoléon. L'estampe est dans nos livres de travail ou de luxe. Elle est à la devanture des marchands de gravures où elle forme un musée toujours renouvelé. Elle étale aux kiosques des boulevards les actualités, les portraits, les caricatures, les modes. Entrez-vous au café, on vous l'apporte aussitôt en vous offrant « les illustrés »; la bouteille placée devant vous porte une étiquette enjolivée : estampe. Vous écrivez une lettre, vous l'affranchissez ; qu'est le timbre que vous portez à votre bouche, sinon une petite estampe? Vous payez avec une estampe de la Banque de France. Aux étalages des libraires, mille volumes s'escriment à vous tenter par des couvertures provocantes : estampes. Derrière les vitres des débitants, des placards vous convient aux spectacles en vogue ; chez les éditeurs de musique, d'autres placards retracent les scènes capitales de l'opérette du jour : estampes. Le modèle que vous présente le tailleur ou la couturière : estampe. La romance que chante votre fille est ornée d'une estampe ; l'enfant qui vous accompagne dans un magasin y reçoit en cadeau une petite estampe, et, s'il est sage à son école, il lui sera donné une estampe d'Épinal (choisie, s'il vous plaît, par une Commission officielle). Rue de Rivoli, un personnage louche vous offrira à l'oreille des estampes transparentes. Si vous dînez en ville, une petite estampe marquera votre place à table, une autre vous indiquera le menu ; le programme du concert qui suivra sera encore une estampe. Enfin et surtout, si la surveillance de l'autorité faiblit un instant, vos yeux ne quitteront plus l'estampe, car tous les murs seront en un clin d'œil envahis par l'affiche, cette maladie de peau des villes mal tenues. Ainsi entouré, poursuivi, traqué par l'estampe, conclut M. Béraldi, l'iconophile serait au supplice si, en toute occasion, il n'avait sous les yeux que des horreurs. »

C'est ici qu'intervient Chéret, auquel l'auteur des *Graveurs* accorde avec raison toutes ses sympathies et plus de trente pages de son catalogue. Chéret, le rénovateur de l'affiche, le grand enlumineur des murailles parisiennes, qui, avec un petit nombre de couleurs et d'impressions, produit un maximum d'effort, Chéret, avec son beau dessin franc, large, tout d'un jet, méritait assurément d'être classé parmi les maîtres lithographes de ce siècle.

On peut dire qu'on est fier d'être Français quand on compulse les colonnes serrées de ce catalogue, encore à son début, car ce XIXe siècle, sur lequel nous blasphémons tous un peu trop tant que nous sommes, aura produit de rudes générations d'artistes, des travailleurs opiniâtres, des génies novateurs, des ouvriers incomparables, qui auront le mérite d'avoir lutté avec plus de violence et de désespoir que leurs aînés d'avant la Révolution pour sortir de la mêlée générale et se frayer un chemin vers la renommée.

N'est-il pas curieux de considérer à travers ce siècle l'histoire des modes dans la gravure et de voir tous les efforts qui, selon les engouements du jour, ont été faits tour à tour dans l'estampe et la vignette, sur le bois, l'acier, le cuivre ou la pierre ?

La gravure aura eu ses différents âges. L'âge d'acier nous reporte aux temps byroniens, à l'heure des *Keepsakes* et des grands paysages froids et clairdelunesques, où la poésie chevaleresque gothicisait toutes les perspectives ; cette période a produit des talents simples, naïfs, anémiés ; tempéraments propres, bien peignés sans ardeur et sans flamme, mais cependant langoureux et charmeurs comme les bardes qu'ils interprétaient.

L'âge de bois aura été glorieux, et l'aurore de la postérité se lève à peine sur cette admirable pléiade de graveurs, la plupart inconnus, qui, de 1835 à 1855, firent successivement ces chefs-d'œuvre de vignettes qui illustrèrent les publications de Curmer, de Perrotin, de Bourdin, de Dubochet, d'Hetzel et Cie. Jamais on ne reverra bois plus brillants dans les noirs et les demi-teintes, gravures plus vigoureuses et mieux comprises ; la zincographie, après le procédé Lecomte, est venue mettre à néant l'école de tant d'artistes supérieurs ; l'âge du zinc aura tué pour toujours l'âge du bois et du sous-bois.

Quant à l'âge de pierre, Daumier et Gavarni en sont les grands pontifes ; c'est dans le journal illustré ou les feuilles hebdomadaires qu'on les retrouve, ces maîtres superbes, avec la splendeur incomparable de ce procédé direct de la pierre, si gras, si flexible, si transparent, si profond et si harmonieux. La lithographie est par excellence le procédé de l'artiste peintre et du dessinateur indépendant; Victor Adam, de Sudre, Aubry-Lecomte y ont trouvé leur réputation ; Devéria en usa largement et Bonington lithographia des choses exquises. L'âge de pierre est aujourd'hui fini en gravure; la lithographie est en pleine léthargie. « C'était un art charmant et digne d'un meilleur sort, écrit M. de Lostalot dans ses *Procédés de la gravure;* il est mort dans les bras du commerce, délaissé de ceux qui l'avaient mis au monde et qui seuls pouvaient lui garder sa place au soleil. » — Le livre, il faut bien l'avouer, n'admettait guère la lithographie, et un art de reproduction qui ne peut s'encadrer dans la pensée écrite est en quelque sorte frappé d'interdit. Chauvel se trouve un des derniers qui ait excellé en ce genre ; son œuvre est étonnant. Il nous reste le zinc et le cuivre; le relief et le creux, la gravure et l'héliogravure, l'eau-forte, la pointe sèche et le burin. — L'eau-forte est en pleine flo-

raison et jouit de la faveur publique, à ce point
que les aquafortistes se sont multipliés et qu'ils se
trouvent dix à guetter comme des loups un dessin
à mordre et à reproduire. Le Livre plus que
jamais est ouvert à l'eau-forte, et le vrai bibliophile en est friand comme il convient à un ami
du beau; mais je ferai bien des réserves sur l'eau-
forte moderne, en tant qu'illustration livresque.

Assurément l'eau-forte contemporaine compte
de très nombreux et très habiles maîtres et petits-
maîtres, des talents fins, délicats, blonds et légers
comme Boilvin, des *Eisenistes* comme Hédouin,
des coloristes comme Lalauze, des sincères et consciencieux comme Gaujean, des éclatants comme
Bracquemont, des affinés comme Champollion,
des vibrants comme Manesse, des maniérés comme
De Mare, des fignoleurs comme Toussaint, des
gentlemen like comme Blanchard, le buriniste
graveur du Derby; de délicieux roublards comme
Bléry, un doyen qui trouve moyen d'être encore
hanté par le paysage qu'il fait manger à l'acide;
des pittoresques « vieux Rouen » comme Adeline,
des gratteurs estimables comme X, Y, Z; tout
cela est fort bien, et vivent les graveurs de France,
indéniablement les premiers du monde! Mais en
tant qu'illustrateurs de livres, il n'en est pas moins

vrai que l'eau-forte est trop monocorde, trop soumise à la même école, au même procédé, à la même taille. — On y fait trop d'escrime de pointe et de contre-pointe, on n'y cuisine pas suffisamment le cuivre. Ouvrons un livre de luxe, nous y trouvons sempiternellement l'eau-forte conventionnelle, plus ou moins mordue et traitée avec liberté ou de façon serrée ; cela est blond ou noir, violent ou tendre ; on y sent la pointe sèche, parfois le burin ; il y a la trilogie de la gravure sur métal, mais c'est tout. Il semblerait qu'il n'y ait rien autre à faire et que tous les descendants de Léopold Flameng soient voués à l'impuissance de créer des aspects nouveaux.

Or je voudrais que l'eau-forte bibliographique fût plus variée, et qu'elle s'inspirât des triturations anciennes pour donner des notes et des physionomies nouvelles à la gravure. Je voudrais que l'on revînt tantôt à l'aquatinte, tantôt au vernis mou, tantôt à la manière noire, tantôt à l'imprévu des grains ; que l'on cherchât, par des cuisines habiles et des tripotages incessants du cuivre, à donner des valeurs neuves, des apparences inédites, des estampes primesautières d'allure et de rendu. Sur la fin du xviiie siècle les manieurs d'eau-forte s'entendirent fort bien à ces fantaisies gravées ; on fit un peu de tout et on produisit des planches extraordinaires qui étonnent encore les gens du métier.

L'aquatinte convient à ravir au livre, elle est légère, permet les perspectives et contraste heureusement avec la note noire et ferme de la typographie; l'eau-forte à roulette a aussi son mérite; la manière noire, habilement traitée, serait souvent idéale si l'on trouvait encore des artistes qui sachent graver au berceau; quant au vernis mol, on doit y revenir. Cette renaissance d'eau-forte serait saluée par tous les connaisseurs et les ennemis de la routine.

Je ne vois guère que trois ou quatre graveurs assez indépendants pour s'affranchir des règles imposées. Félix Buhot, Guérard, Rops et Tissot; ceux-là au moins sont les cordons-bleus du cuivre et ne sentent pas l'école. Ils ne signent pas des eaux-fortes quelconques, mais des gravures qui révèlent quelqu'un; leur personnalité éclate et transparaît dans les plus minces détails de leurs empreintes.

Félix Buhot, par exemple, possède toutes les ficelles du métier, des ficelles personnelles qu'il a confectionnées brin à brin; c'est un moderne par excellence, un imaginatif, un original avant toute marque, un singulier et un fantasque. Ah ! certes, celui-ci ne fait pas de concessions au commerce éditorial; il sait que les fabricants de livres n'entendent quoi que ce soit à l'art de l'eauforte, aussi s'imprime-t-il et s'édite-t-il lui-même, et, en dehors des suites consacrées à Barbey d'Aurevilly, il travaille peu pour le livre et se consacre au Paris du jour, au Paris qui vient, au Paris qui s'en va, à Londres qu'il entrevoit dans un gigantesque à la Turner, et à la démonologie qui le tracasse prodigieusement comme un simple Goya. Buhot, qui signe parfois Tohub, a apporté dans l'eau-forte une note que je voudrais voir se vulgariser dans l'édition; il livre ses cuivres à toutes les mixtions, il use du mezzo-tinto, de la taille, du mâchonné, de la roulette, de l'estampage, du berceau, de l'échoppe et du racloir; ses planches sentent le griffonnis, le guillochis, l'égratignure et l'empâtement; elles s'enlèvent en vigueurs et se noient dans des aquatintes délicieuses; c'est mieux que de l'eau-forte, c'est du coloris.

Buhot a fait une série de planches sur Paris pittoresque qui dépassent de bien loin tout ce qui a été gravé dans cette note; sa *Place Pigalle*, *l'Ancien Hôtel-Dieu avec la station de fiacres*, ses *Souvenirs de l'hiver 1879*, *l'Auberge du Bagne* et vingt autres planches sont d'une hardiesse d'exécution incomparable.

Ses eaux-fortes anglaises, *Westminster*, *la Tour de Londres* et diverses autres resteront comme des pièces extraordinaires de facture et d'expression de vie et de mouvement. — Au siècle prochain, Buhot sera estimé à la taille d'un Méryon; on se disputera ses belles épreuves, car elles seront rarissimes. Ce singulier dessinateur-graveur consacrant à ses tirages très limités un temps et des soins de maître de la Renaissance.

New-York verra prochainement une exposition des œuvres d'ensemble de Félix Buhot, et l'amateur américain laissera, j'en ai peur, bien peu de ces étonnants dessins, croquis et eaux-fortes revenir à leur pays d'origine. Il y a dans l'œuvre de ce fantaisiste éminent des vues de campagne normande et en particulier de Valognes qui sont des chefs-d'œuvre d'une intensité d'expression vivante, prodigieuse. J'aurais voulu que Buhot se produisît aussi dans une exposition parisienne ; il y aurait certainement conquis aussitôt la célébrité à laquelle il a droit, mais ce diable d'homme semble craindre effroyablement la publicité ; tout à son art, il appréhende de voir sa vie bousculée par le succès et l'assaut des marchands ; — son heure viendra quoi qu'il fasse.

Guérard apporte aussi une originalité très intéressante dans tout ce qu'il grave ; et, pour ce qui concerne Rops, l'artiste est si compliqué, que je ne saurais en quelques lignes donner aucune caractéristique de sa valeur ; je le prendrai donc à part, quelque jour, pour lui faire rendre gorge surabondamment, à ce timoré de lumière et de succès qui rajeunit chaque jour davantage, à l'ombre de son talent.

★
★ ★

J'invoque donc une néo-iconophilie pour l'illustration de nos amis les livres, et je suis assuré que je ne suis pas seul à être las de cette même eau-forte à taille et contre-taille, académiquement léchée par tous les poncifs de la pointe; c'est bien ce qui me met en opposition complète avec l'ami des livres Béraldi, lorsque je vois cet indépendant et ce progressiste partir furieusement en guerre contre l'héliogravure en creux. Ça, c'est de l'entêtement et de l'aveuglement, ô correct iconologue! — l'héliogravure ne déshonore pas une édition de bibliophile, si cette héliogravure est habilement faite et artistement retouchée; en somme, l'héliogravure, ce n'est que l'eau-forte interprétée directement sous les rayons solaires, et ce procédé est si puissant, si exact, si indispensable, que la plupart des estampes modernes, signées par les premiers graveurs du temps, ne sont que des héliographies dissimulées sous un petit travail final. Les héliograveurs ont mis au point les cinq sixièmes des eaux-fortes modernes, mais c'est un secret d'État qu'aucun coupable ne veut avouer. Allez donc parler du calque aux eaufortiers d'aujourd'hui; ils avoueront le *procédé Lucas* ou photographie sur vernis blanc; mais le calque!... fini le calque, mort à jamais. Gaujean est le dernier à s'en servir, car cet artiste est un probe et un interprète de haute valeur.

⁂

L'héliogravure est supérieure à toutes les interprétations médiocres ; elle est variée à l'infini et donne la sensation des croquis originaux au fusain, à la plume, au lavis, à la sépia ; c'est une sincère qui ne dissimule ni les défauts ni les qualités du peintre, et c'est là, à mon sentiment, son grand mérite. Lorsqu'on cessera de tirer niaisement les épreuves héliographiques sur du vilain papier pâte mangé par le chlore, et quand il sera avéré que les graveurs ne donnent au public que des héliogravures rafistolées, la lumière se fera dans le monde des bibliophiles et ailleurs, et l'on cessera de jeter des pierres dans le domaine d'une des plus remarquables découvertes de cette fin de siècle.

Pour ce qui me concerne, je ferai tous mes efforts pour prouver que l'héliogravure peut être un art élevé et non un procédé commercial, et, tout en donnant pâture à mes camarades de l'eau-forte et de la pointe sèche, je ne désespère pas d'arriver à convaincre tous les attardés dans la routine, et d'opérer de la cataracte le petit clan des résistants, à commencer par vous, irréconciliable et radical Béraldi.

Les œuvristes futurs feront le catalogue des

Héliograveurs célèbres du xxᵉ siècle; c'est là une conviction que je suis fier de ne partager avec aucun de mes collègues en bibliomanie; il fait bon de se sentir seul aux avant-postes d'une idée qui doit se généraliser; en attendant, n'inquiétons pas le géant Béraldi en train d'élever pierre à pierre les pyramides des graveurs de ce siècle-ci; bastions formidables qui exigent toute sa conviction et du haut desquels quarante siècles d'iconophiles le contempleront dans sa gloire. — Dans chacun de ses opuscules, le fin matois a réuni d'étranges et délicieux frontispices dus à la reconnaissance et au talent des meilleurs de ceux qu'il a momifiés dans son livre. De Bar. Adeline, Bracquemont, Brunet-Debaines, Buhot, Cheret, Giacomelli, Courtry, Delatre, Daumont, Guérard, Maurice Leloir lui ont fourni l'expression la plus vivante de leur manière. *Les Graveurs du* xixᵉ *siècle* parleront donc aux yeux non moins qu'à l'idée; on les lira et on les feuilletera, *utile dulci.* A la porte du monument nos petits-fils aimeront à retrouver ces fleurs et ces fresques; mais ce qu'ils aimeraient à ne pas chercher en vain, et ce que je somme l'auteur de vouloir bien nous donner sans délai, c'est l'icone aquafortisé du seul, du divin Henri Béraldi, Caliban Iᵉʳ de la catalographie, grand artificier de la *Société des Amis des Livres.*

Or ce portrait existe, superbement gravé par

un élève de Gaillard ; mais Béraldi se dérobe, il coquette dans le mystère de ses cartons, il *se tire* avec une réserve extrême, il craint de se profaner en révélant son malicieux facies au public.

Souscripteurs ! Soyez inébranlables ! ne vous laissez pas surprendre ! demandez le portrait, exigez l'icone ! Surtout gardez-vous de relier le fameux catalogue sans posséder les traits burinés du trop fugitif et trop modeste annotateur des estampes modernes !

LES
PUBLICATIONS POSTHUMES

LES
PUBLICATIONS POSTHUMES

La publication des lettres et écrits posthumes au début du xviiie siècle. — Les éditions de papiers inédits depuis cinquante ans. — Lord Lytton et sa femme; lettres publiées par miss Devey. — Mme Caroline Commanville et la correspondance de Gustave Flaubert. — L'auteur de Salammbô et Mme Louise Colet. — La dépouille de nos morts sur le champ de bataille de la gloire. — Les œuvres posthumes et correspondances inédites de Baudelaire. — Les Fusées et suggestions *et* Mon cœur mis à nu. *— Le procès des* Fleurs du mal, *projet d'éditions nouvelles et préfaces inédites. — Baudelaire mystificateur.*

Au début du xviiie siècle, Joseph Addison, critique du *Spectateur*, s'indignait déjà de voir livrés à la publicité des lettres et ouvrages intimes d'écrivains célèbres au lendemain de leur mort; il pensait qu'exposer les affaires privées des familles et que sacrifier les secrets des défunts à la curiosité des vivants devrait être considéré comme une pratique licencieuse, digne de l'animadversion publique. — Pope, contemporain d'Addison, excitait également sa muse attristée contre les profanations et les mémoires littéraires de son temps : « Les chambres des malades, écrivait-il, et les cabinets des morts ont été mis à sac, afin de publier des lettres privées et de divulguer à toute la terre les plus intimes sentiments du cœur. »

Depuis tantôt deux siècles les scrupules à l'endroit des publications posthumes ne se sont point éveillés, bien au contraire ; aujourd'hui les croque-morts de lettres sont enrégimentés par légions, on les recrute principalement parmi les membres les plus proches de la famille ou parmi les amis du défunt ; on se partage les papiers d'un mort en manière de succession, avec une impudeur et une indélicatesse incroyables, et l'on publie cela tout chaud, avec une préface biographique pimentée de tous les détails les moins avouables sur les sensations mystérieuses et la cryptogamie physique ou morale du maître qui n'est plus.

Les dames, qui ne dédaignent pas à cette heure de parcourir le trottoir de la réclame, se sont mises de la partie et on les voit se passer un bas bleu qu'elles fixent coquettement, en guise de jarretières, avec les mêmes faveurs qui enceinturaient leurs lettres d'amour.

Depuis cinquante ans, en avons-nous assez vu

de ces exhumations profanes qui ont mis en délire les feuilles de joie et les revues graves ! — Avons-nous assez fait payer leur gloire à tous ces poètes et prosateurs célèbres trop insoucieux pour garantir leur cadavre contre les chacals littéraires qui rôdent de toute part ! — La bibliographie de ces exhumations malsaines prendrait force de dictionnaire si l'on se mettait à la dresser, car aucun de nos chefs d'école n'y a échappé ; sur la tombe de chacun d'entre eux, on a versé des brouettées de documents où l'idéalité de leur mémoire demeure enfouie sous le limon de leur humanité. Il a fallu qu'on éclaboussât la blancheur de leur suaire et que l'on montrât en eux les pieds de l'âme enfouis jusqu'à la cheville dans la fange terrestre.

La revue serait longue de ces actes de vampirisme *post mortem* : Balzac, Lamartine, Alfred de Musset, Sainte-Beuve, Théophile Gautier, Benjamin Constant, Dickens, Henri Heine, Dumas père, George Sand, Gérard de Nerval, Mérimée, Mürger, pour ne citer que les meilleurs, ont tous comparu tour à tour devant la curiosité publique, et il s'est trouvé pour chacun de ces retraités de la vie des déshabilleurs habiles, non seulement pour nous exhiber leur conformation spéciale, mais encore pour nous en expliquer le mécanisme dans tous leurs actes privés.

Hugo — le grand bonze du siècle — a été jusqu'ici un peu mieux protégé, non tant par la coupole panthéonesque que par la vigilance des exécuteurs de ses hautes œuvres. On paraît ne point gratter son sépulcre, mais soyez sûr que bien des fouisseurs et des rats de plume travaillent en secret dans les cryptes, et le souverain pontife de la grande période romantique sera traîné un jour à la voirie, à l'aurore du xx⁰ siècle, avec sa correspondance la plus frivole et la liste de ses bonnes et mauvaises fortunes, traîtreusement tenue à jour par quelque Leporello plus ou moins authentique en quête d'une belle opération de librairie.

Il n'y a point à s'insurger contre cet état de choses, lorsque la triste besogne de *calomniographe* est faite par quelque pauvre diable nécessiteux qui acquiert le mépris public moyennant un tant pour cent des éditions de son œuvre diffamatoire; mais il est permis de s'étonner et de s'alarmer à la fois, lorsqu'une publication posthume, maladroite et indiscrète est faite au nom de la famille du défunt. — Il arrive dans ces conditions, en Angleterre, un bien curieux événement littéraire qui n'est point créé pour faire tressaillir d'aise dans sa tombe le très illustre romancier sir Edward Bulwer Lytton. — Voici les faits tels que la chronique scandaleuse nous les livre[1].

---

1. *Le Temps* du 11 mai 1887.

Lady Lytton, née Rosina Wheeler, veuve du romancier sir Edward Bulwer Lytton et mère du diplomate anglais lord Lytton, avait laissé à sa mort, en 1882, tous ses papiers à miss Devey, son amie, avec mandat de les publier et surtout de « ne les laisser, sous aucun prétexte, tomber aux mains de la famille Lytton ». On se rappelle que miss Devey tenta, il y a deux ou trois ans, d'exécuter ce testament et fit imprimer les lettres d'Edward Bulwer Lytton à sa femme. L'ensemble de ces pièces constituait le plus écrasant des réquisitoires contre le célèbre romancier. Un jugement rendu à la requête de son fils, lord Lytton, ordonna la suppression du livre.

Miss Devey ne s'est pas tenue pour battue. Aux lettres qu'il lui est interdit de publier, elle substitue aujourd'hui un récit direct, basé sur les autres papiers restés en sa possession, et qui est le plus poignant des drames conjugaux [1]. — Rosina Wheeler raconte elle-même comment elle fit, en 1825, la connaissance de son futur mari. C'était chez des amis communs. « Il arrivait de Paris,
« tout resplendissant de vernis français ; des dia-
« mants brillaient sur le plastron de sa chemise
« de batiste, surchargé de broderies et de den-
« telles ; sa chevelure, d'un blond doré, tombait

---

[1]. *Life of Rosina, lady Lytton*, by Louisa Devey. A Londres, chez Swan Sonnenschein.

« en longues boucles sur ses épaules. Sa ressem-
« blance avec sa mère était frappante; mais, au
« rebours de ce qui arrive d'ordinaire, ses traits
« étaient en quelque sorte la reproduction adou-
« cie du modèle; ses manières étaient celles d'un
« gentleman, — un peu trop hautaines pourtant,
« au dire de son entourage. »

Rosina Wheeler paraît avoir été assez défavorablement impressionnée d'abord de l'intolérable vanité du jeune écrivain; elle finit pourtant par s'y habituer et bientôt consentit à devenir sa femme. Cette union devait être aussi malheureuse que possible. Edward Bulwer se montra le plus dur, le plus féroce, le plus brutal des maris.

Dès le printemps de 1828, au cours de la première grossesse de sa femme, il commence de la battre « à coups de pied ». Peu à peu, il en vient à ne plus se contraindre, même en présence des domestiques. Le témoignage d'une femme de chambre constate qu'en 1833 il a jeté lady Lytton à terre et l'a foulée aux pieds sur le parquet de marbre d'un hôtel italien. En 1835, il la déporte avec ses deux enfants dans une maison de campagne isolée. S'il va la voir de loin en loin dans cet exil, c'est avec des camarades de plaisir, s'entretenant librement devant elle des fredaines qu'il se permet et passant des semaines entières sans s'informer de sa santé, quoiqu'elle soit alitée et crache le sang.

Un soir, il était attendu chez elle pour un dîner prié. Il ne vient pas et écrit de Londres qu'il est malade. Lady Lytton accourt, sonne à la porte de l'appartement de garçon qu'il occupe à l'*Albany*. C'est son mari qui vient lui ouvrir, *en chemise,* tandis qu'une jeune femme, sans aucun des attributs d'une garde-malade, bat précipitamment en retraite vers le fond de la chambre.

La crise aboutit à une séparation amiable. Edward Bulwer, qui a cent mille francs de revenu, ne fait à sa femme qu'une misérable pension ; il lui enlève ses enfants, il la soumet à un système continu d'espionnage, dans l'espoir non dissimulé de la prendre en défaut et d'obtenir contre elle un jugement de divorce. L'espionnage ne donnant pas de résultats, on a recours à de véritables complots, à des envois de lettres anonymes, à tout ce que l'imagination des plus infâmes agents de police privée est capable d'inventer.

Cependant, la malheureuse femme, poussée à bout par ces machinations, finit par porter ses griefs devant le public. A l'occasion d'une candidature législative d'Edward Bulwer créé baronnet et devenu sir Edward Bulwer Lytton, elle vient conter ses misères, sur les *hustings*, aux électeurs dont il sollicite les suffrages. Aussitôt, elle est arrêtée comme folle, incarcérée dans un asile d'aliénés. Elle n'en sort qu'au bout d'un mois, pour reprendre sa vie de misère, privée de ses enfants, abreuvée d'humiliation et d'outrages, mourant de faim ou peu s'en faut... Quel roman plus émouvant que tous ceux d'Edward Bulwer et de sa femme, — car elle en a écrit, elle aussi, qui ne sont pas sans mérite!...

Le livre de miss Devey est bien amusant à lire ; cette vertueuse Anglaise, qui n'hésite pas à entrer dans les détails les plus scabreux de la vie de son héroïne, affecte dans les détails des pudibonderies inexprimables ; c'est ainsi que, parlant d'une livrée de domestique de lord Bulwer-Lytton, elle appelle leurs culottes, des *Continuations*. Les précieuses n'auraient certes pas mieux trouvé.

L'Angleterre, on le voit, n'a rien à nous envier comme lessive de linge sale en public. — Après lord Byron, lord Lytton, et ce qu'il est alarmant de constater, c'est que le plus souvent il appartient aux femmes d'étaler complaisamment en pleine lumière toutes ces hontes et ces tristesses, qui restent sans contrôle, le principal intéressé ayant quitté la partie.

C'est ainsi que récemment Mme Caroline Commanville, nièce de Gustave Flaubert, a publié la première série de la *Correspondance*[1] de l'auteur

---

1. *Correspondance de Gustave Flaubert*, première série, 1830-1810. Charpentier et Cie, 1 vol. in-18.

de *Madame Bovary*, véritable pavé de l'ours lancé *pieusement* sur la mémoire du maître styliste avec une inconscience adorable. L'héritière de Flaubert a fait précéder ce recueil épistolier de souvenirs intimes très puérils et d'une insignifiance douloureuse ; on sent, à cette simple lecture, que la petite-nièce de l'écrivain de *Salammbô* a vécu comme une gentille souris aveugle et espiègle dans la cage du lion, dans une familiarité de cœur peut-être fort touchante, mais aussi dans l'incompréhension totale de ce génie inquiet toujours en mal de phrases. Elle nous montre une Flaubert familial dans sa popote biographique, avec plus de candeur que d'observation, et cette sorte de journal conçu dans la forme d'une petite pensionnaire ne nous révèle aucun point vraiment intéressant, soit pour l'étude psychologique, soit pour l'histoire biologique du maître.

Ah ! que nous voici loin de la magistrale préface de Maupassant, écrite, il y a deux ans, en tête des *Lettres à George Sand!* Maupassant percevait Flaubert autrement qu'en petit-neveu ; il nous le présentait dans sa formidable inquisition du beau parfait, dans son expression d'artiste éternellement tenaillé par la structure de sa phrase ; il avait vu, lui, viril observateur, son maître dans l'ampleur de son sacerdoce littéraire, ennemi du bas et du vulgaire, dans cet olympe d'élection où resplendissent tous ceux que l'obsession de leur œuvre a torturés et anoblis. Il ne citait de Flaubert que des pensées lapidaires et élevées, des mots à la Chamfort, d'un incommensurable mépris pour la sottise moutonnière des bourgeois; il drapait son idole dans des plis majestueux et superbes, mais la douce Mme de Commanville n'a fait que la risette à son bon oncle au milieu de ces petits souvenirs écrits dans cette manière benoîtement pot-au-feu que l'écrivain des *Trois Contes* haïssait avec une furie si pittoresque.

Sans y apporter le moindre parti pris, j'ai toujours eu à remarquer que les femmes qui consacrent leurs loisirs à s'illustrer dans la mémoire des parentages illustres n'ont jamais réussi qu'à amoindrir ceux qu'elles pensaient grandir par la piété de leurs souvenirs écrits. Prenons Diderot biographié par Mme de Vandeuil, sa fille, Balzac gentiment attifé par Mme de Surville, sa sœur, ou Nodier raconté par la bonne Mme Menessier Nordier; il se dégage de ces lectures quelque chose d'attristant comme des minutes dressées par des notaires en jupon; on y sent ce jugement étroit des existences trop longtemps cuisinées de concert, qui donne aux petites choses une énorme importance alors que les faits intéressants disparaissent. Tel se présente Bonaparte jugé par son valet de chambre Constant — il manque l'éloignement, la divination, l'enthousiasme qui s'est usé dans le train-train journalier, et puis, il faut bien le dire, ce qui fait toujours principalement défaut, c'est l'incompréhension de la femme pour ce qu'on pourrait nommer le *fakirisme intellectuel*, cette absorption d'un être dans une vocation qui le mène, dans un culte où il se cloître, dans la poursuite d'une chimère qui pousse son âme dans un continuel avatar. — L'atmosphère rétrécie de la famille étouffe un peu ce grand courant admiratif du public, et à force de contempler l'homme, on ne voit plus l'artiste; l'époux, le mari, l'oncle se montrent seuls sous leur apparence la moins curieuse.

La nièce de Flaubert a donc réuni la correspondance avunculaire avec beaucoup de soin, je veux bien le croire, mais sans grand jugement ni souci de délicatesse. Elle a livré toute nue l'existence de l'ermite du Croisset. Parmi les lettres qui composent ce premier volume, chronologiquement colligées de 1830 à 1850, il en est à peine une vingtaine qui fussent réellement dignes d'être publiées et conservées aux appréciateurs du chef d'école. Les autres méritaient l'ombre et le mystère, et il faut compter parmi celles-ci les épîtres amoureuses à Mme X..., un X trop connu et que plusieurs générations entières ont *potassé* et même *potaché*, car chacun s'est plu à désigner la célèbre dixième muse, Louise Colet, née Revoil, qui allaita dans son cœur tous les nourrissons de ses neuf sœurs.

bien vite égarés dans les sentiers de sa double colline.

*
* *

Ces cinquante à soixante lettres ne sentent point trop le roussi de la passion ; elles nous révèlent un Flaubert naïf et *jobard* que ses fervents adulateurs se seraient fort bien passés de connaître, bien qu'il demeure toujours et partout grand écrivain, trop écrivain même, car le cœur apparaît mal à travers ce cerveau si littérairement congestionné. — Je citerai un fragment d'un de ces billets d'amour à celle qui sut se substituer à Mme de Longueville dans la tendresse stérilisée par l'âge de Victor Cousin :

« Tu crois que tu m'aimeras toujours, écrit Flaubert. Toujours, quelle présomption dans une bouche humaine ! — Tu as aimé déjà, n'est-ce pas ? comme moi, souviens-toi qu'autrefois aussi tu as dit toujours ; — moi, je te rudoie, je te chagrine... n'importe, j'aime mieux inquiéter ton bonheur maintenant que de l'exagérer froidement, comme ils font tous, pour que sa perte ensuite te fasse souffrir davantage... Qui sait ? tu me remercieras peut-être plus tard d'avoir eu le courage de n'être pas plus tendre. — Ah ! si j'avais vécu à Paris, si tous les jours de ma vie avaient pu se passer près de toi, oui, je me laisserais aller à ce courant sans crier au secours. J'aurais trouvé en toi pour mon cœur et ma tête un assouvissement quotidien qui ne m'eût jamais lassé. Mais séparés, destinés à nous voir rarement; c'est affreux; quelle perspective! et que faire pourtant..... Je ne conçois pas comment j'ai fait pour te quitter — c'est bien moi cela! c'est bien dans ma pitoyable nature; tu ne m'aimerais pas, j'en mourrais; tu m'aimes et je suis à t'écrire de t'arrêter. — J'aurais voulu passer dans ta vie comme un frais ruisseau qui en eût rafraîchi les bords altérés et non comme un torrent qui la ravage; mon souvenir aurait fait tressaillir ta chair et sourire ton cœur. — Ne me maudis jamais! va, je t'aurai bien aimée avant que je ne t'aime plus. Moi, je te bénirai toujours; ton image me restera tout imbibée de poésie et de tendresse comme l'était hier la nuit dans la vapeur laiteuse de son brouillard argenté. — Ce mois-ci, je t'irai voir; je te resterai un grand jour entier. Je te dois une explication franche de moi-même pour répondre à une page de ta lettre qui me fait voir les illusions que tu as sur mon compte. — Il serait lâche à moi (et la lâcheté est un vice qui me dégoûte sous quelque face qu'il se montre) de les faire durer plus longtemps.

« Le fond de ma nature est, quoi qu'on dise, le saltimbanque. J'ai eu dans mon enfance et ma jeunesse un amour effréné des planches ; j'aurais été peut-être un grand acteur, si le ciel m'avait fait naître plus pauvre. Encore maintenant, ce que j'aime par-dessus tout, c'est la forme, pourvu qu'elle soit belle et rien au delà. Les femmes qui ont le cœur trop ardent et l'esprit trop exclusif ne comprennent pas cette religion de la beauté, abstraction faite du sentiment. Il leur faut toujours une cause, un but; moi, j'admire autant le clinquant que l'or. La poésie du clinquant est même supérieure, en ce qu'elle est triste. Il n'y a pour moi dans le monde que les beaux vers, les phrases bien tournées, harmonieuses, chantantes, les beaux couchers de soleil, les clairs de lune, les tableaux colorés, les marbres antiques et les têtes accentuées. Au delà, rien. J'aurais mieux aimé être Talma que Mirabeau, parce qu'il a vécu dans une sphère de beauté plus pure; — les oiseaux en cage me font autant de pitié que les peuples en esclavage. De toute la politique, il n'y a qu'une chose que je comprenne, c'est l'émeute. Fataliste comme un Turc, je crois que tout ce que nous pouvons faire pour le progrès de l'humanité ou rien, c'est absolument la même chose; — quant à ce progrès, j'ai l'entendement obtus pour les idées peu claires, tout ce qui appartient à ce langage m'assomme démesurément. Je déteste la tyrannie moderne parce qu'elle me paraît bête, faible et timide d'elle-même; mais j'ai un culte profond pour la tyrannie antique, que je regarde comme la plus belle manifestation de l'homme qui ait été. — Je suis avant tout l'homme de la fantaisie, du caprice, du décousu. — A quelque jour j'irai vivre loin d'ici et l'on n'entendra plus parler de moi. — Quant à ce qui d'ordinaire touche les hommes de plus près et ce qui pour moi est secondaire en fait d'amour physique, je l'ai toujours séparé de l'autre... tu es bien la seule femme que j'aie aimée ; tu es la seule à qui j'aie osé vouloir plaire et peut-être la seule à qui j'aie plus... Merci, merci. »

C'est une véritable profession de foi, on le voit, beaucoup plus autopsychologique qu'amoureuse ; dans ces nombreuses lettres à l'auteur des *Chants des vaincus*, Flaubert apporte plus de rhétorique que de tendresse et d'émotion ; il règne une grande sécheresse dans ce bouquet d'épîtres plus superbement écrites qu'ingénieusement sincères. Mme Colet avait alors trente-six ans, lorsque le maître de l'*Éducation sentimentale* remarqua l'azur de son bas ; lui ne comptait que vingt-cinq printemps, l'âge où l'on se permet le plus aisément les femmes mûres. Elle, incendiée et inassouvie, ayant déjà desséché, presque carbonisé toute une académie de poètes romantiques ; lui grisé moralement, étourdi par cette passion, caressé dans sa vanité littéraire (que cette nymphe sur le retour éventait avec les barbes de sa plume), se gargarisait l'esprit de métaphores amoureuses. Rien de plus. Tous deux étaient, au fond, dupes de leurs sensations et *encabotinés* dans la redondance des phrases, amusés par l'ampleur de leur jeu.

* * *

La lettre citée plus haut, la plus curieuse de la série, donne le *la* de cette symphonie assez peu pastorale; les autres, entremêlées de dissertations philosophiques et sociales, ne révèlent guère chez Flaubert qu'un fils respectueux et reconnaissant, craignant d'éveiller les moindres susceptibilités dans l'esprit ou le cœur de sa mère vénérée; et c'est là assurément la note dominante qui nous ferait excuser cette publication posthume, si, d'autre part, on ne nous avait servi les petites lettres enfantines de Flaubert à dater de sa neuvième année, en poussant le scrupule, par comble de fétichisme, jusqu'à conserver l'orthographe inhabile du bambin écolier ès lettres.

Au résumé, ce recueil est une profanation faite à la mémoire hautaine du grand contempteur des bourgeois. Il livre ce méprisant à cette foule dont les interprétations et l'infinie sottise l'écœuraient si fort; il étale crûment toutes ses pensées secrètes, ses fantaisies d'une heure, ses boutades *ad hominem* et non *ad homines*, il ne laisse rien de caché de cette vie en dedans où il ne permettait pas qu'on laissât infiltrer les curiosités du dehors; il est impie à mon sens, à ce point qu'il a profondément affligé les amis de la dernière heure, dont quelques-uns, dans leurs *Mémoires contemporains*, s'étaient piqués d'une honnêteté très délicate en ne dévoilant point les suggestions, les excentricités, les anomalies mêmes de l'existence du solitaire du Croisset.

Il y a quelques années, il n'y eut qu'une voix pour excommunier M. Maxime Du Camp qui, dans ses *Souvenirs littéraires*, se laissait aller sans raison à parler à tout instant de la maladie nerveuse chronique du pauvre Flaubert. Depuis lors, nous avons fait du chemin; Mᵐᵉ de Commanville, par son révélantisme inconcevable, a sonné la curée de son oncle; car, sur ce point où la petite-nièce n'a pas eu de pudeur légitime, qui donc sera susceptible d'en montrer désormais, avec le prurit actuel de commérages qui pousse chacun à ouvrir toutes grandes les fenêtres de son voisin, à la méthode russe, lorsqu'il y a un mort dans la maison?

Nous écrivons trop, c'est là l'éternelle antienne, et nous sommes à l'excès conservateurs de nos écrits et de ceux d'autrui. Avec nos mœurs de collections, de documents, d'isographie, nous rendons, il est vrai, parfois de grands services à l'histoire littéraire; mais bien souvent aussi nous nuisons terriblement à ceux que nous pensons servir. — Un homme disparaît-il, nous recueillons la poussière de sa vie, même lorsque cette poussière se transforme en boue ; nous ramassons tout ce qu'il laisse pour en faire une pâtée destinée à l'avidité du public, et plus il y a matière à scandale, plus il semble que nous nous réjouissons des attroupements et du gros débit de la chose. — Nous fouillons nos morts et nos blessés sur ce champ de bataille de la gloire, et nous affichons la liste des objets trouvés : lettres d'amour, correspondance de famille, trousseaux de clefs des portes condamnées, choses féminines, journaux intimes, projets et ébauches, rêves à demi formulés, tout cela au grand profit des receleurs-éditeurs et à l'ineffable démoralisation du lecteur.

Depuis vingt ans surtout, c'est un pillage organisé, toléré, approuvé, applaudi ; on le prépare même du vivant de ceux dont on convoite l'héritage paperassier ; on se dit dans un certain monde : « ... Quand Un Tel sera mort, j'ai des notes de lui et sur lui, je ne vous dis que cela !... » Et chacun attend son petit cadavre pour voir ce qu'il y avait dedans et inquisitionner son passé. Mais que sert de protester ? C'est le cas de dire avec Voltaire : « Les lettres humaines ne font que devenir chaque jour de plus en plus inhumaines. »

Les *Œuvres posthumes* et *Correspondances iné-*

dites de Baudelaire[1], qui viennent d'être mises au jour, sont d'un intérêt bien autre que la *Correspondance de Flaubert*, et ce gros ouvrage essentiellement littéraire et personnel, exclusivement composé de notes et pièces ayant trait aux ouvrages et à la vie intellectuelle du traducteur d'Edgar Poë, serait bien fait pour me rendre moins pessimiste sur l'agiotage des choses écrites de ce temps.

Ici Baudelaire apparaît seul, grandiose, admirable, tout enfiévré par sa religion de lettré et par le satanisme de ses visions; il passe d'un bout à l'autre de ce livre, grandi à nos yeux par ses souffrances, ses hantises et la sublimité de son idéal. Tout entier livré à la culture de son hystérie morale, l'auteur des *Fleurs du mal,* face à face avec soi-même, se sonde, s'analyse, se cherche, se confesse, s'excite ou s'humilie avec une ardeur et une foi de véritable apôtre crucifié.

Les principaux manuscrits de Baudelaire, qui forment ce volume, furent acquis par le publicateur, M. Eugène Crepet, en janvier 1878, à la vente après décès du libraire Poulet-Malassis, qui, en sa triple qualité d'ami, d'éditeur et de créancier du poète, s'était fait donner par lui ou, lui

---

[1]. *Œuvres posthumes de Charles Baudelaire*, avec une étude biographique d'Eugène Crepet. Un vol. in-8°, 1887, maison Quantin.

mort, par Mme Ve Aupick, sa mère, la plupart de ses manuscrits littéraires.

J'ai publié moi-même, à différentes reprises, il y a cinq ou six ans, tant au *Figaro* que dans un recueil[1], plusieurs fragments importants de ces pièces inédites, dont j'avais pu prendre copie chez Poulet-Malassis. — Ce n'était là qu'une école buissonnière de curieux à travers cette riche moisson d'œuvres posthumes que M. Crepet publie enfin, après de longues et très consciencieuses recherches chez tous les amis de Baudelaire et chez les collectionneurs les mieux documentés. — Cet ouvrage est donc définitif, et l'éditeur de ce recueil a si soigneusement donné son temps à la réunion et à l'annotation de toutes ces épaves précieuses, qu'il laissera peu de chose à glaner à ceux qui seraient tentés de *baudelairiser* après lui.

Après une étude biographique très étendue et honnêtement conduite, M. Crepet nous donne plusieurs projets de préface pour la seconde édition des *Fleurs du mal* (déjà publiées dans *le Livre* en 1882); puis vient une étude sur Baudelaire dramaturge, avec les scénarios de deux pièces de théâtre qui devaient s'intituler : *le Marquis du 1er houzards* et *la Fin de don Juan*. Divers projets et plans de romans et de nouvelles sont reproduits *in extenso*, ainsi que les fragments d'un

---

[1]. Voir *Nos Amis les Livres,* in-18, p. 129 à 157.

livre inachevé sur la Belgique, œuvre de rancœur de l'exilé, qui devait porter sur sa couverture : *la Belgique vraie*. — M. Crepet, à la suite de ses ébauches, publie *les journaux intimes* du poète, qui comprennent les chapitres : *Fusées et suggestions*, ainsi que *Mon cœur mis à nu*, pièces capitales par l'intensité, la hauteur et la noblesse des sentiments exprimés.

Les correspondances sont composées des lettres de Baudelaire à Malassis et à Sainte-Beuve, d'une lettre à Jules Janin et d'un échange d'épîtres entre Baudelaire et Soulary. Les appendices, très détaillés et importants, sont tous relatifs au procès des *Fleurs du mal* et à la correspondance d'Asselineau avec Mme Aupick après le décès de son fils. Dans tout ce livre, il n'est point un chapitre qui fasse tache, pas un document qui ne soit contrôlé, et aussi, je dois le dire à l'honneur du publicateur, pas un prétexte à scandale qui ne soit écarté, tout aussi bien par déférence au souvenir du poète que par convenance pour la famille de ceux que Baudelaire, dans ses heures d'indigestion littéraire, aurait pu offenser.

Soit qu'on le considère dans ses notes, dans ses lambeaux de fictions romancières, dans ses lettres les moins cherchées, l'auteur des *Petits Poèmes en prose*, je le répète, paraît, s'il est possible, agrandi à nos yeux, plus encore par son caractère que par la puissance et l'originalité de son talent. Ce ne sont guère que les *battitures* de cette forge cérébrale qui ont été réunies dans ce volume, mais ces débris ont une violence concentrée qui laisse deviner tout le parti que l'artiste ouvrier aurait pu tirer de tant de petits fragments épars ou exfoliés ; puis, dans ces pensées tombées brutalement sur le papier, il y a une force de vérité condensée qui éclate dans le cerveau du lecteur et le met en tentation de paraphraser tant d'aphorismes subtils ; il y a aussi des trouvailles incomparables d'images ou d'idées précieusement vêtues ; c'est ainsi que Baudelaire dira : « La musique creuse le ciel », et ailleurs : « Le travail, n'est-ce pas le sel qui conserve les âmes momies ? » Plus loin, parlant de l'individualisme, il s'écrie : « La vaporisation et la centralisation du *moi*, tout est là. »

Il faut écouter ce *satanique* parler de Dieu, de l'amour, du plaisir, en précurseur du moderne pessimisme, mais avec un spiritualisme et une religiosité bien singuliers : « Quand bien même Dieu n'existerait pas, écrit-il dans ses *Fusées*, la religion serait encore sainte et divine. Dieu est le seul être qui, pour régner, n'ait même pas besoin d'exister. Ce qui crée par l'esprit est plus que la matière. »

Parlant de l'amour et des joies en commun, il ramène tout à la prostitution. « L'Amour, dit-il, c'est le goût de la prostitution, il n'est même pas de plaisir noble qui ne puisse être ramené à la prostitution. — Dans un spectacle, dans un bal, chacun jouit de tout. Qu'est-ce que l'art? Prostitution. — Le plaisir d'être dans les foules est une expression mystérieuse de la jouissance de la multiplication du nombre. *Tout* est nombre. Le nombre est dans tout. Le nombre est dans l'individu. L'ivresse est un nombre. » — N'est-ce pas là de la véritable philosophie hermétique?

Parfois Baudelaire a des théories de mystificateur; telle est celle-ci:

« Le monde ne marche que par le malentendu, c'est par le malentendu universel que tout le monde s'accorde. Car, si, par malheur, on se comprenait, on ne pourrait jamais s'accorder. L'homme d'esprit, celui qui ne s'accordera jamais avec personne, doit s'appliquer à aimer la conversation des imbéciles et la lecture des mauvais livres. Il en tirera des jouissances amères qui compenseront largement sa fatigue. »

Il y a bien des pages tristes et navrantes dans ce journal décousu, sorte de vide-poche des idées de source soudaine; le titre: *Mon cœur mis à nu* ne ment point, c'est bien de la psychologie d'écorché qu'il nous sert, des observations pantelantes et cruelles, d'un absolu *sadisme* intellectuel; le poète s'y ouvre le ventre à la japonaise, froidement, avec un je ne sais quoi d'amer, de dédaigneux et d'ironique à la fois.

Deci delà on découvre de bizarres lacunes, des sensations de gouffres, des apeurements, des « frôlements de l'aile de l'imbécillité » qui sont les pénibles prodromes de l'aphasie dont il ne devait point tarder à être frappé. — Partout cependant le hautain dédain de Baudelaire plane dans la sérénité de ce qu'il nommait justement sa *Divinité*. Partout il pontifie comme un magicien de l'idée abstraite, jamais il n'est vil, déloyal, même injuste. — Cet habitant du Kamtchatka littéraire, comme le nommait Sainte-Beuve, est sans cesse hiératique et d'une si souveraine aristocratie de rêverie humaine, qu'elle surprend tout d'abord, mais divulgarise peu à peu l'esprit du lecteur le plus affiné.

Baudelaire se défiait avec raison du peuple, du bon sens, du cœur, de l'inspiration et même de l'évidence ; il avouait qu'il n'y avait pas en lui de base sérieuse pour une conviction et que celles qu'il avait pu asseoir en son être étaient dans un sens plus élevé que les convictions ordinaires et que, par cela même, elles ne pouvaient être compromises par les hommes de son temps.

L' « inédit » non encore défloré de ces œuvres posthumes consiste principalement dans la correspondance de l'auteur des *Fleurs du mal* avec son éditeur Poulet-Malassis. Ces nombreuses lettres à l'associé de de Broise remettent sur le tapis tous les préliminaires de la confection du premier recueil poétique de Baudelaire et elles nous permettent de juger ce dandy de la phrase dans le déshabillé de l'écriture hâtive. Il n'y perd rien, loin de là; il nous intéresse à sa vie journalière, à ses déboires, à ses impécunosités, même à ses coquetteries typographiques, et à ses préoccupations de la forme matricielle des lettres dans son œuvre imprimée.

Ce qui nous manque par exemple, ce sont les réponses du sceptique Alençonnais Poulet-Malassis; nous voyons Baudelaire se débattre, narguer son éditeur, le pourchasser avec franchise, droiture et cordialité, mais on ne peut que deviner les répliques du matois libraire érudit... et de cela, j'enrage pour ma part. — Malassis était un lettré, un diseur, un judicieux et spirituel compère; il consultait son poète favori sur toutes les publications qu'il comptait entreprendre, il savait jaser en gaulois normand très friand sur le propos; auprès de Baudelaire il semblait un moineau franc égayant un hibou philosophe... — Que sont devenues toutes ces lettres?

Un des chapitres les plus précieux pour les bibliophiles est celui qui a trait au procès des *Fleurs du mal* et aux diverses éditions que Baudelaire se proposait de faire. Ayant autrefois traité de cette question, les papiers inédits en main, je vais en quelques pages la fixer, ayant pour à-propos l'ouvrage de M. Crepet. Voici pour mémoire, avec autant de concision que possible, l'exposé des faits bibliographiques qui se rattachent à la publication des *Fleurs du mal*.

Ces poésies, qui resteront le chef-d'œuvre de Baudelaire, furent écrites en partie de 1845 à 1855 et publiées séparément dans plusieurs journaux et revues, avec annonce de publication intégrale dont on retrouve les titres variés sur la couverture de quelques magazines. Tour à tour le poète flotta entre ces différents titres : *les Lesbiennes, le Catéchisme de la Femme aimée* et *les Limbes*[1]. Ce ne fut qu'après l'insertion de plusieurs de ses pièces dans le numéro de juin 1855 de *la Revue des Deux Mondes* que l'auteur se décida à opter pour ce titre : *les Fleurs du mal*, qui flamboyait en tête de ses extraits dans la revue de Buloz, où Baudelaire ne devait plus jamais collaborer.

---

1. Sur la couverture du Salon de 1846, nous lisons l'annonce des poésies de Baudelaire sous ce titre : *les Lesbiennes*, et plus loin : *le Catéchisme de la Femme aimée*. D'autre part, un numéro du *Magasin des Familles* fait suivre l'insertion du *Châtiment de l'Orgueil* et du *Vin des honnêtes gens* de cette mention : « Ces deux morceaux inédits sont tirés d'un livre intitulé : *les Limbes*, qui paraîtra très prochainement, et qui est destiné à représenter les agitations et les mélancolies de la jeunesse moderne. »

Les Fleurs du mal furent enfin publiées vers la fin du mois de juin 1857, chez Poulet-Malassis, que Baudelaire appelait plaisamment, par allusion à sa marque typographique, « Coco mal perché ». L'édition était tirée à mille exemplaires, plus dix sur papier vergé de Hollande. Ce livre fut accueilli avec enthousiasme par ce public délicat, mais, hélas! trop restreint, qui sut reconnaître dès l'origine le tempérament génial du fantastique poète. Les fragments déjà parus dans les journaux avaient excité une singulière curiosité ; on fut frappé de l'audace du débutant, de l'allure splendide de ses vers, et les sots, qu'on ne brave jamais en vain en affichant une puissante originalité, les sots crièrent à l'immoralité jusqu'à attirer l'attention du parquet. Le bruit d'une saisie des *Fleurs du mal* courut bientôt dans Paris :

« Vite, cachez, mais cachez bien toute l'édition, écrivait Baudelaire à Malassis dans un billet daté du 11 juillet 1857. Vous devez avoir neuf cents exemplaires en feuilles. Il y en avait encore cent chez L... ; ces messieurs ont paru fort étonnés que je voulusse en sauver cinquante. Je les ai mis en lieu sûr et j'ai signé un reçu. Restent donc cinquante pour nourrir le cerbère Justice. Je viens de voir L... et V... ; ils ont poussé la platitude jusqu'à faire la remise de librairie à « M. l'inspecteur de la presse » pour le séduire !!! »

La saisie eut lieu en effet, mais pour ainsi dire fictivement, au grand scandale des vrais amis de la littérature, et le 21 août 1857, Baudelaire, Poulet-Malassis et Debroise comparaissaient devant la sixième chambre correctionnelle sous la prévention d'offense à la morale religieuse et d'outrage à la morale publique et aux bonnes mœurs ; « le premier pour avoir publié un ouvrage intitulé : *les Fleurs du mal*, dont il est l'auteur, Poulet-Malassis en l'imprimant et Debroise en le mettant en vente ».

M. Dupaty présidait et Mᵉ Chaix d'Est-Ange fils présentait la défense de Baudelaire. Le tribunal, sur les réquisitions de l'avocat impérial Pinard, rendit le jugement suivant, que je me permettrai de citer ici en entier comme une pièce peu connue et digne d'être conservée :

« En ce qui touche le délit d'offense à la morale religieuse :

« Attendu que la prévention n'est pas établie, renvoie les prévenus des fins des poursuites ;

« En ce qui touche la prévention d'offenses à la morale publique et aux bonnes mœurs :

« Attendu que l'erreur du poète, dans le but qu'il voulait atteindre et dans la route qu'il a suivie, quelque effort de style qu'il ait pu faire, quel que soit le blâme qui précède ou qui suit ses peintures, ne saurait détruire l'effet funeste des tableaux qu'il présente au lecteur, et qui, dans les pièces incriminées, conduisent nécessairement à l'excitation des sens par un réalisme grossier et offensant pour la pudeur ;

« Attendu que Baudelaire, Poulet-Malassis et Debroise ont commis le délit d'outrage à la morale publique et aux bonnes mœurs, savoir : Baudelaire en publiant, Malassis et Debroise en publiant, vendant et mettant en vente à Paris et à Alençon l'ouvrage intitulé : *les Fleurs du mal*, lequel contient des passages et expressions obscènes et immorales ;

« Que lesdits passages sont contenus dans les pièces portant les n°ˢ 20, 30, 39, 80, 81 et 87 du recueil ;

« Vu l'art. 8 de la loi du 17 mai 1819, l'art. 26 de la loi du 26 mai 1819 ;

« Vu également l'art. 463 du code pénal ;

« Condamne Baudelaire à 300 fr. d'amende ;

« Poulet-Malassis et Debroise, chacun à 100 fr. d'amende ;

« Ordonne la suppression des pièces portant les n°ˢ 20, 30, 39, 80, 81 et 87 du recueil ;

« Et condamne les prévenus solidairement aux frais. »

Les six pièces condamnées portaient ces titres : *Lesbos, Femmes damnées, le Léthé, A celle qui est trop gaie, les Bijoux* et *les Métamorphoses du Vampire*. Après la condamnation, deux cents exemplaires qui étaient conservés en réserve furent modifiés conformément au jugement.

Pour Baudelaire, ce procès ne fut jamais qu'un malentendu. « Vous vous attendiez à être acquitté ? lui disait son ami Asselineau au sortir de l'audience. — Acquitté ! qu'est-ce à dire ? reprit le poète ; je m'attendais qu'on me ferait réparation d'honneur. »

Les plus grands critiques plaidèrent pour Baudelaire dans des articles remarquables. J. Barbey d'Aurevilly au *Pays*, Édouard Thierry au *Moniteur*, lui consacrèrent de brillants feuilletons, et Émile Deschamps, dans la revue *le Présent*, rima une longue satire dont je me rappelle ce passage :

... Un livre qui met sur son front : *Fleurs du mal !*
Ne dit-il pas d'abord tout ce qu'il porte au ventre ?
Aux couvents, aux salons, son nom défend qu'il entre,
Et sombre exception ! — comme certain traité
Des docteurs de l'Église ou de la Faculté,
Il proclame très haut, par sa seule cocarde,
Que le monde avec lui doit se tenir en garde,
Et qu'enfin sa légende horrible il ne la dit
Qu'au philosophe artiste, au penseur érudit.

Mais je ne saurais m'arrêter ici aux curieuses polémiques que souleva dans la presse le procès des *Fleurs du mal*, dont la seconde édition parut seulement quatre ans plus tard en 1861, chez Malassis, avec un portrait de l'auteur par Bracquemond, dont nous reproduisons plus haut la physionomie. Cette édition était augmentée de trente-cinq poèmes nouveaux. Elle fut tirée à quinze cents exemplaires et quelques papiers de choix, et elle est aujourd'hui, on le sait, encore très recherchée.

Ce qu'on ignore, — et me voici sans plus tarder arrivé au but qui nous occupe, — c'est que Baudelaire et Malassis avaient formé le projet d'une troisième édition de grand luxe pour laquelle Braquemond dessina un frontispice, des têtes de pages et des culs-de-lampe historiés de devises latines composées par le poète. Ces dessins existeraient, paraît-il, bien qu'il n'en ait pas été fait mention dans le catalogue de la vente après décès du libraire Malassis.

De ces projets, ce qui reste, ce sont trois remarquables ébauches de préface où Baudelaire se retrouve en entier, avec son sublime mépris de la sottise, dans tout l'abandon de son esprit fatigué. Voici la première dont Asselineau, dans sa *Vie de Baudelaire*, n'a donné qu'un faible extrait :

*
* *

S'il y a quelque gloire à n'être pas compris, ou à ne l'être que très peu, je peux dire sans vanterie que, par ce petit livre, je l'ai acquise et méritée d'un seul coup. Offert plusieurs fois de suite à divers éditeurs qui le repoussaient avec horreur, poursuivi, mutilé en 1857 par suite d'un malentendu fort bizarre, lentement rajeuni, accru et fortifié pendant quelques années de silence, disparu de nouveau, grâce à mon insouciance, ce produit discordant de la muse des derniers jours, avivé par quelques nouvelles couches violentes, ose encore affronter aujourd'hui pour la troisième fois le soleil de la sottise.

Ce n'est pas ma faute ; c'est celle d'un éditeur insistant qui se croit assez fort pour braver le dégoût public. « Ce livre restera sur toute votre vie comme une tache », me prédisait, dès le commencement, un de mes amis qui est un grand poète. En effet, toutes mes mésaventures lui ont, jusqu'à présent, donné raison. Mais j'ai un de ces heureux caractères qui tirent une jouissance de la haine et qui se glorifient dans le mépris.

Mon goût diaboliquement passionné de la bêtise me fait trouver des plaisirs particuliers dans les travestissements de la calomnie. Chaste comme le papier, sobre comme l'eau, porté à la dévotion comme une communiante, inoffensif comme une victime, il ne me déplairait pas de passer pour un débauché, un ivrogne, un impie et un assassin.

Mon éditeur prétend qu'il y aurait quelque utilité, pour moi comme pour lui, à expliquer pourquoi et comment j'ai fait ce livre, quels ont été mon but et mes moyens, mon dessin et ma méthode. Un tel travail de critique aurait sans doute quelques chances d'amuser les esprits amoureux de la rhétorique profonde.

Pour ceux-là, peut-être l'écrirai-je plus tard, et le ferai-je tirer à une dizaine d'exemplaires. Mais, à un meilleur examen, ne serait-il pas évident que ce serait là une besogne tout à fait superflue, pour les uns comme pour les autres, puisque les uns savent ou devinent, et que les autres ne comprendront jamais ? Pour insuffler au peuple l'intelligence d'un objet d'art, j'ai une trop grande peur du ridicule, et je craindrais, en cette matière, d'égaler les utopistes qui veulent, par un décret, rendre tous les Français riches et vertueux d'un seul coup. Et puis, ma suprême, ma meilleure raison, est que cela m'ennuie et me déplaît. Mène-t-on la foule dans les ateliers de l'habilleuse et du décorateur, dans la loge de la comédienne? montre-t-on au public affolé aujourd'hui, indifférent demain, le mécanisme des trucs? Lui explique-t-on les retouches et les variantes improvisées aux répétitions, et jusqu'à quelle dose l'instinct et la sincérité sont mêlés aux rubriques et au charlatanisme indispensable dans l'amalgame de l'œuvre? Lui révèle-t-on toutes les loques, les fards, les poulies, les chaînes, les épreuves barbouillées, bref toutes les horreurs qui composent le sanctuaire de l'art?

D'ailleurs, telle n'est pas aujourd'hui mon humeur. Je n'ai désir ni de démontrer, ni d'étonner, ni d'amuser, ni de persuader; j'ai mes nerfs, mes vapeurs, j'aspire à un repos absolu et à une nuit continue.

Chantre des voluptés folles du vin et de l'opium, je n'ai soif que d'une liqueur inconnue sur la terre, et que la pharmaceutique céleste elle-même ne pourrait pas m'offrir, — d'une liqueur qui ne contiendrait ni la vitalité ni la mort, ni l'excitation ni le néant. Ne rien savoir, ne rien assigner, ne rien vouloir, ne rien sentir, dormir et encore dormir, tel est aujourd'hui mon unique vœu. Vœu infâme et dégoûtant, mais sincère.

Toutefois, comme un goût supérieur nous apprend à ne pas craindre de nous contredire un peu nous-mêmes, j'ai rassemblé à la fin de ce livre abominable le témoignage de sympathie de quelques-uns des hommes que je prise le plus, pour qu'un lecteur impartial en puisse inférer que je ne suis pas absolument digne d'excommunication et qu'ayant su me faire aimer de quelques-uns, mon cœur, quoi qu'en ait dit je ne sais plus quel torchon imprimé, n'a peut-être pas « l'épouvantable laideur de mon visage ».

⁂

A cette curieuse ébauche de préface, que je viens de reproduire selon la vraie physionomie du manuscrit, et sans y changer ou ajouter quoi que ce soit, Baudelaire rêvait de joindre une manière de dédicace très étrange dont les principaux arguments sont tracés par lui sur un feuillet blanc qui précède la copie de cette pièce, et qui dut être écrite vraisemblablement vers 1863. On comprendra aisément les développements que pouvaient comporter ces thèses si nettement issues de sa plume acérée et la filiation qui devait relier les unes aux autres ces analyses du poète.

DÉDICACE

Pour connaître le bonheur, il faut avoir le courage de l'avaler. — Le bonheur vomitif. — Oreste et Électre. — Angoisses. — De l'utilité de la douleur. — La femme naturelle. — La volupté artificielle.

Je désire que cette dédicace soit inintelligible.

Ne doit-on pas regretter ces projets abandonnés, qui, revus, condensés, mis à leur point, eussent assurément complété l'ensemble du livre sans rival qu'ils devaient précéder ? Mais dans le cerveau du poète, cette profession de foi littéraire prenait une plus grande envergure ; non seulement il comptait mettre hardiment son indépendance et sa personnalité en avant, mais encore il était tourmenté par l'idée de faire l'exposition de sa méthode et de sa doctrine poétique, ainsi que l'on peut s'en convaincre en réunissant l'énoncé de deux nouveaux projets de préface que je réunirai ici, bien que les originaux soient sur feuillets séparés :

Ce n'est pas pour mes femmes, mes filles ou mes sœurs que ce livre a été écrit, non plus que pour les femmes, les filles ou les sœurs de mon voisin. Je laisse cette fonction à ceux qui ont intérêt à confondre les bonnes actions avec le beau langage.

Je sais que l'amant passionné du beau s'expose à la haine des multitudes. Mais aucun respect humain, aucune fausse pudeur, aucune coalition, aucun suffrage universel ne me contraindront à parler le patois incomparable de ce siècle, ni à confondre l'encre avec la vertu.

Des poètes illustres s'étaient partagé depuis longtemps les provinces les plus fleuries du domaine poétique. Il m'a paru plaisant, et d'autant plus agréable que la tâche était plus difficile, d'extraire la *beauté* du MAL.

Ce livre, essentiellement inutile et absolument innocent, n'a pas été fait dans un autre but que de me divertir et d'exercer mon goût passionné de l'obstacle. Quelques-uns m'ont dit que ces poésies pouvaient faire du mal, je ne m'en suis pas réjoui ;

d'autres, de bonnes âmes, qu'elles pouvaient faire du bien ; et cela ne m'a pas affligé. La crainte des uns et l'espérance des autres m'ont également étonné, et n'ont servi qu'à me prouver une fois de plus que ce siècle avait désappris toutes les notions classiques relatives à la littérature.

Malgré les secours que quelques cuistres célèbres ont apportés à la sottise naturelle de l'homme, je n'aurais pas cru que notre patrie pût marcher avec une telle vélocité dans la voie du progrès. Ce monde a acquis une épaisseur de vulgarité qui donne au mépris de l'homme spirituel la violence d'une passion. Mais il est des carapaces heureuses que le poison lui-même n'entamerait pas.

C'est après cette hautaine déclaration que se placent les diverses notes dont je parle plus haut, lesquelles tendent à montrer les idées mêmes de Baudelaire sur l'esthétique en général et la poésie en particulier :

Comment, par une série d'efforts déterminée, l'artiste peut s'élever à une originalité proportionnelle ; comment la poésie touche à la musique par une prosodie dont les racines plongent plus avant dans l'âme humaine que ne l'indique aucune théorie classique ;

Pourquoi tout poète qui ne sait pas au juste combien chaque mot comporte de rimes est incapable d'exprimer une idée quelconque ;

Que la phrase poétique peut imiter (et par là elle touche à l'art musical et à la science mathématique) la ligne horizontale, la ligne droite ascendante, la ligne droite descendante ; qu'elle peut monter à pic vers le ciel, sans essoufflement, ou descendre perpendiculairement vers l'enfer avec la vélocité de toute pesanteur; qu'elle peut suivre la spirale, décrire la parabole, ou le zigzag figurant une série d'angles superposés ;

Que la poésie se rattache aux arts de la peinture, de la cuisine et du cosmétique par la possibilité d'exprimer toute sensation de suavité ou d'amertume, de béatitude ou d'horreur par l'accouplement de tel substantif avec tel adjectif, analogue ou contraire ;

Comment, appuyé sur mes principes et disposant de la science que je me charge de lui enseigner en vingt leçons, tout homme devient capable de composer une tragédie qui ne sera pas plus sifflée qu'une autre, ou d'aligner un poème de la longueur nécessaire pour être aussi ennuyeux que tout poème épique connu.

J'avais primitivement l'intention de répondre à de nombreuses critiques, et en même temps d'expliquer quelques questions très simples, totalement obscurcies par la lumière moderne : Qu'est-ce que la poésie ? Quel est son but ? de la distinction du bien d'avec le Beau; de la beauté dans le MAL ; que le rythme et la rime dans l'homme répondent aux immortels besoins de monotonie, de symétrie et de surprise; de l'adaptation du style au sujet; de la vanité et du danger de l'inspiration, etc., etc.; mais j'ai eu l'imprudence de lire ce matin quelques feuilles publiques; soudain une indolence du poids de vingt atmosphères s'est abattue sur moi, et je me suis arrêté devant l'épouvantable inutilité d'expliquer quoi que ce soit. Ceux qui savent me devinent, et pour ceux qui peuvent et ne veulent pas comprendre, j'amoncellerais sans fruit les explications.

Tâche difficile que de s'élever vers cette impassibilité divine ! car, moi-même, malgré les plus louables efforts, je n'ai su résister au désir de plaire à mes contemporains, comme l'attestent ces quelques endroits, apposés comme un fard, certaines basses flatteries adressées à la démocratie, et même quelques ordures destinées à me faire pardonner la tristesse de mon sujet. Mais MM. les journalistes s'étant montrés ingrats envers les caresses de ce genre, j'en ai supprimé la trace autant qu'il m'a été possible dans cette nouvelle édition.

Je m'arrêterai à ces quelques citations ; n'ayant voulu donner ici, grâce à ces feuillets inédits, qu'un des côtés intimes de l'auteur des *Fleurs du mal* et fixer dans la mémoire des curieux les pièces principales relatives au fameux procès de ce livre superbe.

Les correspondances de Baudelaire et de Soulary, ainsi que les lettres à Gustave Flaubert où il est question des ambitions académiques du chantre des *Femmes damnées* (bizarre faiblesse de cet impeccable qui se plia aux visites) ne sont pas les moins curieuses du volume publié par M. Crepet. Cinq ou six lettres de Mme Aupick à Asselineau contiennent une affligeante surprise ; elles nous font apparaître la mère du poète comme profondément inconsciente du génie de son fils ; elle semble se battre les flancs pour s'expliquer l'admiration dont il est l'objet ; elle ne l'avoue

pas, loin de là, et s'efforce de son mieux de céler cette incompréhension maternelle, mais elle éclate sous chaque phrase. Ah! la famille des demi-dieux... quelle étude à faire!... Mais ceci nous ramènerait à Mme. de Commanville.
— La veuve du général Aupick avait au moins cette excuse que le militarisme de son second mari avait en elle fermé ses yeux à toute littérature.

M. Eugène Crepet a publié en tête de son volumineux et passionnant recueil une très longue étude biographique qui est une pièce de résistance digne du monument qu'il vient d'élever à Baudelaire. Prenant le poète à l'origine de ses origines, il le suit pas à pas dans la vie, et reconstitue année par année cette existence de rêveur déporté dans notre humanité. Rien ne lui a échappé : il s'est enquis de toutes parts, et sa notice est faite de tous les matériaux réalisables. Simple biographe, M. Crepet s'est gardé de tout jugement ; il a repris le canevas de ces jours tissés de tristesses et d'alarmes et n'y a point ajouté de broderie ou d'arabesque inutiles ; on ne saurait trop le féliciter de cette correction et de sa sobriété. Peut-être aurais-je voulu qu'il insistât sur le caractère profondément mystificateur de l'impassible adaptateur des *Histoires extraordinaires.* Les mystifications baudelairiennes méritaient de demeurer célèbres. — Rops, qui fut l'un de ceux dont le rire allégea la tristesse du poète en Belgique, me racontait comment il fit connaissance de ce sarcastique à froid.

C'était au café; la présentation avait été faite par Malassis. Un garçon attendait des ordres. — Baudelaire interrogea : — Que vous offrirai-je, monsieur Rops?

Le chercheur de nu moderne fit un geste vague, qui signifiait : « Ce que vous voudrez! »

Alors, d'une voix insinuante, l'apôtre du cruel reprit lentement, scandant les mots et l'œil inquisiteur :

« Si nous... prenions... un bain?

Mais Rops, impassible et d'un ton naturel et enjoué, répondit :

« J'allais vous le proposer!

Baudelaire sentit aussitôt un rival en gabatine et n'insista point davantage. Les relations pouvaient s'établir et la mort seule put les interrompre.

A TRAVERS L'ŒUVRE

DE

HONORÉ DE BALZAC

A TRAVERS L'ŒUVRE

DE

HONORÉ DE BALZAC

Les hommages rendus à Balzac. — Honoré de Balzac et la postérité. — Les derniers jours de Balzac, sa mort, ses obsèques. — Son oraison funèbre par Victor Hugo. — Les années d'apprentissage d'un romancier; les premières œuvres. — La famille de Honoré de Balzac; M. de Balzac père. — Les projets littéraires de l'auteur de la Comédie humaine. — Balzac, auteur dramatique. — La femme dans les écrits de Balzac. — Les essais poétiques d'un grand prosateur. — Balzac jugé par Baudelaire. — Les papiers de Balzac. — Les dernières publications relatives à Balzac.

BALZAC est à l'ordre du jour : la ville de Tours lui élève une statue, de jeunes chercheurs dressent le *Répertoire de la Comédie humaine*; M. de Lovenjoul réédite sa colossale *Histoire des Œuvres de Balzac* et la Société des gens de lettres manifeste de temps à autre, au nom d'un comité spécial, le projet de lui ériger un bronze dans ce Paris qu'il a si bien dépeint.

Le moment semble donc choisi pour flâner à travers l'œuvre du grand romancier, en un mois qui compte l'anniversaire de son décès. — De là la raison de l'étude variée qui va suivre.

Ainsi que l'écrivait Théophile Gautier, la postérité a commencé pour Balzac. Chaque jour, il semble plus grand. Lorsqu'il était mêlé à ses contemporains, on l'appréciait mal, on ne le voyait que par fragments; maintenant l'édifice qu'il a bâti s'élève à mesure qu'on s'éloigne, comme la cathédrale d'une ville que masquaient les maisons voisines, et qui à l'horizon se dessine immense au-dessus des toits aplatis. Le monument n'est pas achevé; mais, tel qu'il est, il effraye par son énormité, et les générations surprises se demanderont quel est le géant qui a soulevé seul ces blocs formidables et monté si haut cette Babel où bourdonne toute une société.

Il y aura bientôt trente-sept ans que l'auteur de *la Comédie humaine* est mort, foudroyé comme un colosse dans l'accomplissement de son œuvre géniale. Balzac est plus que jamais à l'ordre du jour; demain, il aura sur une place de Paris une statue qu'on semble trop lui marchander encore aujourd'hui et que la France tout entière acclamera non moins que celle de Victor Hugo. Il nous convenait de ne pas laisser passer cet anniversaire sans donner un souvenir au plus illustre romancier de ce siècle et nous ne croyons pas faire trop en consacrant à sa mémoire une partie de nos loisirs de l'heure présente, convaincu que tout le monde lettré nous suivra avec intérêt et sympathie dans le pieux pèlerinage littéraire que nous allons entreprendre.

★
★ ★

Qui le croirait ? — Le mardi 20 août 1850, au lendemain même de la mort de Balzac, on ne lit dans la presse parisienne du jour que ce même modeste entrefilet noyé en seconde page dans les débats d'une politique éphémère :

> Un des écrivains les plus féconds et les plus célèbres de nos jours, M. de Balzac, vient de mourir. Ses obsèques auront lieu le mercredi 21 août, à onze heures, en l'église Saint-Philippe-du-Roule.
> On se réunira à la chapelle du quartier Beaujon, rue Saint-Honoré, 193.

Rien autre. Les voyages du Prince-Président, en Alsace, semblaient devoir captiver toute l'attention du public. Chateaubriand avait eu raison d'écrire ces paroles d'un scepticisme mélancolique : « Le génie pèse, l'homme est fragile. »

Balzac venait d'épouser, en mars 1850, à Berditcheff, la comtesse de Hanska, née Rzewuska.

Lorsqu'au mois de juin de la même année, il revenait à Paris, dans sa maison de la rue Fortunée, aujourd'hui *rue de Balzac,* le rêve de sa vie était accompli. Ses dettes étaient enfin payées, ces fameuses dettes qui l'avaient fait comparer à Hercule filant des feuilletons aux pieds de ses créanciers ; le génie du romancier brillait éclatant et désormais sans nuages ; déjà il se préparait à goûter au bonheur dans le nid ouaté de bien-être, où il avait donné rendez-vous à ses espérances et à son amour ; mais le proverbe oriental, qui dit : « Quand la maison est finie, la mort entre » allait avoir raison : l'infatigable travailleur ne devait point trouver le repos ici-bas.

L'auteur du *Père Goriot* revenait à Paris, mortellement atteint d'une hypertrophie du cœur qui paralysait ses facultés. Le 20 juin, il écrivait à son ami Théo un dernier billet attristé : « Je dois toujours rester à l'état de momie, privé de la parole et du mouvement... Je ne puis lire ni écrire. » Les quatre médecins, parmi lesquels le docteur Louis, appelés en consultation, ne purent que borner leurs efforts à maintenir l'infiltration de l'hydropisie dans les régions inférieures. Bientôt la décomposition du sang commença, des abcès se manifestèrent aux jambes, la gangrène apparut, les plus illustres chirurgiens de Paris accoururent ; mais la science dut se déclarer impuissante à sauver le génie.

Le docteur Nacquart, dans une curieuse note relative aux derniers moments de Balzac, s'exprime ainsi

Une ancienne affection du cœur, souvent exaspérée par le travail des nuits, et par l'usage ou plutôt par l'abus du café, auquel il avait dû recourir pour combattre la propension de l'homme au sommeil, venait de prendre un nouveau et fatal développement, et, comme autant de conséquences de cette lésion, une respiration courte, haletante, lui interdisait tout mouvement; sa parole, autrefois si soudaine et si vive, était entrecoupée et saccadée; sa vue, jadis si nette et si étendue au physique comme au figuré, semblait s'être couverte d'un voile et lui faisait craindre de ne pouvoir, à l'avenir, transcrire lui-même sa pensée.

En présence de si redoutables accidents, et malgré une confiance qui voulait rester excessive, nous voulûmes appeler au secours de cette grande intelligence en péril nos collègues Fouquier, Roux, Louis et Rayer...; mais la science, qui avait diagnostiqué tout d'abord la complication d'une profonde albuminurie, ne pouvait plus voir là que des trêves. — Ses bons instants, ou plutôt ses moins mauvais moments, rendaient à l'âme de M. de Balzac toute sa force, à son esprit toute son étendue : aussi, Dieu seul sait-il combien on a perdu à n'avoir point recueilli les conceptions nouvelles, les caractères créés, les plans imaginés dont s'imprégnait sa parole, et que, pour la première fois, sa plume ne pouvait plus buriner.

Le mal fit bientôt des progrès tels, que les inspirations d'une âme aussi ardente par affection, non plus que les soins les plus incessants de l'art, agrandis encore par le dévouement, ne pouvaient plus retenir une vie qui s'échappait.

Honoré de Balzac mourut dans la nuit du 18 au 19 août, après vingt-quatre heures d'agonie. M. le curé de Saint-Philippe-du-Roule, mandé par Mme de Balzac, était venu la veille lui administrer l'extrême-onction, et par un regard déjà voilé le grand écrivain avait fait signe qu'il comprenait et remerciait le ministre de Dieu de lui apporter le viatique de l'éternité.

Voici, d'après le *Journal des Débats* du 22 août 1850, le récit des obsèques d'Honoré de Balzac, dont on remarquera la simplicité. Faisons observer à ce sujet qu'aucun grand artiste ne prêta son concours à cette cérémonie funèbre :

Aujourd'hui, — mercredi 21 août 1850, — dès onze heures, la foule se pressait aux alentours de l'église Saint-Philippe-du-Roule et de la chapelle du Roule, contiguë au domicile mortuaire. C'est dans cette chapelle que le corps d'Honoré de Balzac reposait, en attendant l'heure des funérailles. Quelques cierges sur l'autel et autour du cercueil, recouvert du drap mortuaire, formaient toute la décoration intérieure. La porte de la chapelle était drapée d'une tenture noire, ornée des lettres initiales H. B.

Après quelques prières dites dans la chapelle, le cercueil a été placé sur un modeste corbillard, traîné par deux chevaux, et le cortège est parti pour l'église Saint-Philippe-du-Roule.

Les cordons du char funèbre étaient tenus par M. Baroche, ministre de l'intérieur, et par MM. Victor Hugo, Alexandre Dumas et Sainte-Beuve.

Un cortège immense a suivi le corbillard entre deux haies d'une foule silencieuse et respectueuse.

L'Institut, l'Académie étaient représentés par MM. Tissot, Villemain et de Salvandy; l'Université, les Facultés, les Sociétés savantes, la Société des gens de lettres, la Société des auteurs dramatiques, les Écoles normales, de Droit et de Médecine, la presse, les Beaux-Arts étaient représentés dans ce cortège par une foule d'illustrations.

On remarquait particulièrement, parmi les nombreux assistants, le chargé d'affaires de Russie, MM. le baron James de Rothschild, de Niewerkerke, le directeur des musées; baron Taylor, Berlioz, Émile Deschamps, Francis Wey, Méry, Arsène Houssaye, Paul Féval, Henri Monnier, Couture, Chassériau, Gudin, Ambroise Thomas, Merruau; Cavé et Charles Blanc, anciens directeurs des Beaux-Arts; Frédérick-Lemaître, plusieurs membres de l'Assemblée législative, des peintres, des sculpteurs et un certain nombre d'étrangers : Anglais, Russes, Allemands, Américains, etc., etc.

L'église était très simplement décorée.

Le service, célébré par M. le curé, a été chanté en faux bourdon.

Après les prières de l'église, le cortège s'est mis en marche pour se rendre au cimetière du Père-Lachaise, en descendant le faubourg et en suivant les boulevards intérieurs, au milieu d'une foule nombreuse venue pour rendre un dernier hommage au romancier qui, pendant vingt ans, avait contribué par ses œuvres à la popularité de cette œuvre nationale.

Deux voitures de deuil suivaient le char funèbre. Arrivé au cimetière, le corps a été descendu dans la fosse au milieu de l'émotion générale, et M. Victor Hugo a prononcé le discours suivant qui est bien le plus éloquent plaidoyer qui ait jamais été fait en faveur de l'immortalité de l'âme, et que les vrais amis du poète reliront avec intérêt ?

Oraison funèbre par Victor Hugo.

Messieurs,

L'homme qui vient de descendre dans cette tombe était de ceux auxquels la douleur publique fait cortège.

Dans les temps où nous sommes, toutes les fictions sont évanouies. Les regards se fixent désormais non sur les têtes qui règnent, mais sur les têtes qui pensent, et le pays tout entier tressaille lorsqu'une de ces têtes disparaît. Aujourd'hui, le deuil populaire, c'est la mort de l'homme de talent; le deuil national, c'est la mort de l'homme de génie.

Messieurs, le nom de Balzac se mêlera à la trace lumineuse que notre époque laissera dans l'avenir.

M. de Balzac faisait partie de cette puissante génération des écrivains du xixe siècle qui est venue après Napoléon, de même que l'illustre pléiade du xviie siècle est venue après Richelieu, comme si, dans le développement de la civilisation, il y avait une loi qui fît succéder aux dominateurs par le glaive les dominateurs par l'esprit.

M. de Balzac était un des premiers parmi les grands, un des plus hauts parmi les meilleurs... Tous ses livres ne forment qu'un livre, livre vivant, lumineux, profond, où l'on voit aller et venir, et marcher, et se mouvoir, avec je ne sais quoi d'effaré et de terrible, mêlé au réel, toute notre civilisation contemporaine; livre merveilleux que le poète a intitulé *Comédie*, et qu'il aurait pu intituler *Histoire*, qui prend toutes les formes et tous les styles, qui dépasse Tacite et qui va jusqu'à Suétone, qui traverse Beaumarchais et qui va jusqu'à Rabelais; livre qui est l'observation et qui est l'imagination; qui prodigue le vrai, l'intime, le bourgeois, le trivial, le matériel et qui, par moments, à travers toutes les réalités brusquement et largement déchirées, laisse tout à coup entrevoir le plus sombre et le plus tragique idéal. A son insu, qu'il veuille ou non, qu'il y consente ou non, l'auteur de cette œuvre immense et étrange est de la forte race des écrivains révolutionnaires. Balzac va droit au but. Il saisit corps à corps la société moderne; il arrache à tous quelque chose, aux uns l'illusion, aux autres l'espérance, à ceux-ci un cri à la passion. Il creuse et sonde l'homme, l'âme, le cœur, les entrailles, le cerveau, l'abîme que chacun a en soi. Et par un droit de sa libre et vigoureuse nature, par un privilège des intelligences de notre temps qui, ayant vu de près les révolutions, aperçoivent mieux la fin de l'humanité et comprennent mieux la Providence, Balzac se dégage souriant et serein de ces redoutables études qui produisaient la mélancolie chez Molière et la misanthropie chez Rousseau.

Voilà ce qu'il a fait parmi nous. Voilà l'œuvre

qu'il nous laisse, œuvre haute et solide, robuste entassement d'assises de granit, monument, œuvre du haut de laquelle resplendira désormais sa renommée. Les grands hommes font leur piédestal, l'avenir se charge de la statue.

Sa mort a frappé Paris de stupeur. Depuis quelques mois, il était rentré en France. Se sentant mourir, il avait voulu revoir la patrie, comme la veille d'un grand voyage on vient embrasser sa mère.

Sa vie a été courte, mais pleine : plus remplie d'œuvres que de jours !

Hélas ! ce travailleur puissant et jamais fatigué, ce philosophe, ce penseur, ce poète, ce génie a vécu parmi nous de cette vie d'orages, de luttes, de querelles, de combats, communs dans tous les temps à tous les grands hommes. Aujourd'hui, le voici en paix. Il sort des contestations et des haines ; il entre le même jour dans la gloire et dans le tombeau. Il va briller désormais au-dessus de toutes ces nuées qui sont sur nos têtes, parmi les étoiles de la patrie !

Vous tous qui êtes ici, est-ce que vous n'êtes pas tentés de l'envier ?

Messieurs, quelle que soit notre douleur en présence d'une telle perte, résignons-nous à ces catastrophes. Acceptons-les dans ce qu'elles ont de poignant, de sévère. Il est bon peut-être, il est nécessaire peut-être, dans une époque comme la nôtre, que de temps en temps une grande mort communique aux esprits dévorés de doute et de scepticisme un ébranlement religieux. La Providence sait ce qu'elle fait lorsqu'elle met ainsi le peuple face à face avec le mystère suprême, et quand elle lui donne à méditer la mort, qui est la grande égalité et qui est aussi la grande liberté.

La Providence sait ce qu'elle fait, car c'est là le

plus haut de tous les enseignements. Il ne peut y avoir que d'austères et sérieuses pensées dans tous les cœurs quand un sublime esprit fait majestueusement son entrée dans l'autre vie ; quand un de ces êtres qui ont plané longtemps au-dessus de la foule avec les ailes visibles du génie, déployant tout à coup les autres ailes qu'on ne voit pas, s'enfonce brusquement dans l'inconnu.

Non, ce n'est pas l'inconnu ! Non, je l'ai déjà dit dans une autre occasion douloureuse, et je ne me lasserai pas de le répéter; non, ce n'est pas la nuit, c'est la lumière ! Ce n'est pas la fin, c'est le commencement ! Ce n'est pas le néant, c'est l'éternité ! N'est-il pas vrai, vous tous qui m'écoutez ? De pareils cercueils démontrent l'immortalité : en présence de certains morts illustres, on sent plus distinctement les destinées divines de cette intelligence qui traverse la terre pour souffrir et pour se purifier et qu'on appelle l'homme ; et on se dit qu'il est impossible que ceux qui ont été des génies pendant leur vie ne soient pas des âmes après leur mort!

Après cette superbe oraison funèbre, qui peut être considérée comme le plus beau morceau d'éloquence de Victor Hugo, et qui restera certainement comme la plus énergique profession de foi spiritualiste du grand poète, Louis Desnoyers, alors président de la Société des gens de lettres, osa prononcer un long discours aussi glacial que diffus, où il est traité de la loi sur le Timbre et peu parlé de Balzac; puis la foule qui venait d'assister aux obsèques du grand romancier se retira dans le plus profond recueillement.

Honoré de Balzac appartenait dès lors à la postérité.

*
* *

Balzac ne craignait pas d'avouer à l'apogée de sa réputation les tristesses de ses débuts. « Ce n'est, disait-il, qu'au sortir de mes mauvais romans de jeunesse que j'ai commencé à me douter de la langue francaise « si peu connue en France ». J'ai écrit ces romans comme simple étude ; un pour apprendre le dialogue, un pour apprendre la description, un pour grouper mes personnages, un pour la composition, etc. — J'ai fait cela en collaboration ; la plupart sont cependant tout entiers de moi ; je ne sais plus lesquels, je ne les connais pas et voudrais les anéantir. »

Ces premières œuvres de Balzac, dites *Œuvres de jeunesse* et qui furent signées de Vieillerglé, lord R'Hoone ou Horace de Saint-Aubin, ont été réimprimées en partie en seize volumes in-8º, sous ce titre : *Œuvres complètes d'Horace de Saint-Aubin,* Paris, Hippolyte Souverain, 1836-1840 ; — elles comprennent : *la Dernière fée, le Sorcier* ou *le Centenaire, le Vicaire des Ardennes, Argow le Pirate,* précédemment intitulé *Annette ; le Criminel, Jeanne la pâle,* publié d'abord sous le titre de *Whann-Chlore, l'Israélite* ou *Clotilde de Lusignan, Don Gigadas* et *l'Excommunié* (attribué au marquis de Belloy).

Ces premiers romans ne représentent le futur auteur des *Études de mœurs* qu'autant que la chrysalide représente le brillant papillon. — C'était l'époque où le jeune Honoré travaillait à sa personnalité, luttant corps à corps avec les difficultés de la langue et les inconstances de son imagination mal disciplinée, dans sa pauvre mansarde de la rue Lesdiguières; l'époque où il écrivait ses premières lettres charmantes à sa sœur Laurette, signant parfois ces épîtres familières : *Honoré, écrivain et poète français à deux francs la page.* Il fuyait alors le spectre du notariat et pour *s'indépendantiser,* selon son néologisme, il lui fallait, bon gré mal gré, mettre du noir sur du blanc, et livrer à d'impatients petits éditeurs une copie désordonnée cousue de grossières intrigues et écrite en aveugle qui ne veut pas voir, ne pouvant consciencieusement mal faire.

Déjà il nourrissait ses grands projets de psychologie humaine; mais il fallait vivre, savoir attendre et montrer une patience de Sixte-Quint, en engraissant les pourceaux des métairies littéraires. Il fallut surtout fournir des gages à un père épeuré par l'avenir que réservait à son fils une vocation souvent si trompeuse, et le jeune de Balzac peinait, haletait à la besogne, remettant au lendemain le soin de rassasier sa fringale littéraire, à l'exemple de ce paysan champenois qui, jetant le morceau de pain de son déjeuner, tout au loin au bout d'un sillon, se condamnait à piocher jusqu'à lui et le rejetait de nouveau pour s'inciter au travail et gagner sa pitance.

Ces premiers romans furent vendus à des libraires tels que Hubert, Pollet, Barba et Urbain Canel pour des prix relativement minimes, variant de 800 francs à 2,000 francs, payables par billets à longues échéances que l'auteur escomptait avec peine, tremblant de les lui voir revenir protestés.

Quoi qu'il en soit, l'opposition paternelle cédait peu à peu devant ses premiers gains, et, dans une lettre du 10 mars 1822, adressée à son neveu, M. de Balzac père écrivait : « Mon fils aîné montre, depuis environ un an, les plus grands moyens en littérature : il a fait imprimer et vendre des ouvrages pour près de dix mille francs. Si sa santé répond à ses moyens, il fera parler de lui avantageusement. »

Ces dix mille francs d'ouvrages, qui comblaient d'illusion cet excellent père, ces dix mille francs qui paraissaient une fortune pour un jeune débutant en l'an de grâce 1822, n'étaient signés en réalité que sur la promesse d'un nombre respectable de petites productions; mais le père de Balzac avait été frappé par cette bonne fortune de son fils, et, dans une autre lettre de 1823, il s'écriait avec orgueil cette fois : « Mon fils aîné est dans la littérature jusqu'au cou, et la France lit trois ou quatre ouvrages sortis de sa féconde imagination... Il s'occupe d'autres productions. »

Il n'entre pas dans nos intentions de nous étendre ici sur cette période de la vie du *fécond romancier* (selon le cliché à la mode de 1835 à 1850). Ces premières années de la jeunesse de Balzac, qu'on pourrait appeler *années d'apprentissage*, comme dans *Wilhem Meister*, ont défrayé la critique à bien des points de vue, et la meilleure étude qu'on en puisse lire se trouve encore, en manière d'autobiographie, dans les lettres touchantes et exquises d'Honoré à sa sœur Laure Surville, au milieu de l'excellente *Correspondance* qui a été publiée. Comme nous nous piquons de curieux et presque d'inédit, nous songerons à rechercher les tendances et les manifestations de l'écrivain d'alors, et nous puiserons dans sa *Littérature marchande* (ainsi qu'il se plaisait lui-même à désigner ses œuvres insignées) des pages de premier jet, sortes de professions de foi où l'homme se retrouve en entier, et que la sottise des éditeurs qui ont réimprimé les œuvres d'Horace de Saint-Aubin a abandonnées comme indignes. — Ce sont donc des pièces d'éditions originales inconnues ou à peu près, car elles n'ont pas été exhumées de leurs œuvres oubliées :

Voici, par exemple, le prologue de *Clotilde de Lusignan ou le beau juif,* manuscrit trouvé (dit le titre) dans les archives de Provence et publié par lord R'Hoone, Paris, 1882. — Balzac avait, paraît-il, vendu ce livre 2,000 francs. — Il semble alors *tout à la joie*, car après avoir passé sous les fourches caudines de Pointevin Saint-Alme, composant seul et ne touchant que la moitié des émoluments de collaboration, il venait de secouer le joug, s'était acquis le libraire Hubert, et déjà espérait traiter pour *Wann-Chlore*, avec l'éditeur à la mode Urbain Canel. — La dédicace est singulière ; elle porte :

A vous... votre très humble,

R'HOONE.

Prologue.

Va, cours, douce et folle imagination, le charme de ma vie, la source de tous mes plaisirs ! Vole, papillonne, cours, récompense-toi d'un moment de captivité ! Va, ma fille, je ne te retiens plus ; badine, voltige, à gauche, à droite, au centre, par monts et par vaux, deci, delà, aval, amont, à l'orient, au nord, dans les cieux, chez les morts, ici-bas ! partout !... Oui, tout est ton domaine depuis le passé jusqu'au présent ; tu peux même embrasser le néant et dessiner les tableaux fugitifs sur le voile qui cache l'avenir ! O ma tendre amie, la seule fidèle malgré son inconstance, ne te garde que d'une seule chose, d'un seul écueil : le bon sens.

Hélas ! n'y brise pas notre légère nacelle, si chargée de mousse, de vent et de fictions riantes. D'aussi loin que tu verras cette île de la raison et de la vérité, ce rocher si désert, habité par cinq ou six hommes de génie, fuis... Fuis d'une aile rapide comme la pensée ; enfin fuis avec la vitesse du vulgaire et des grands, mais sois plus charmante et plus originale en ta fuite; tournoie dans les airs comme le fils de Dédale... Hélas ! ne péris pas en tombant ; j'ai besoin de ton délire ; ne souffre pas que les feux de la vérité t'enlèvent jamais tes ailes diaprées... De même que le monde, je préfère une brillante illusion à de tristes réalités... Charme donc mes soucis ; couvre d'un voile menteur le passé, l'avenir ; tresse une couronne de fleurs pour embellir la minute présente... Que tout me sourie, je le veux! Enivre-moi, j'aime l'ivresse de l'âme et le trop de plaisir... Lecteurs, tout à moi !

De l'aimable Momus je saisis les grelots,
Beau juif, sors de la presse, et loin de nous les sots !

O mon petit livre, livret mon ami, qui m'as fait passer tant d'heures cruelles, puisses-tu procurer une heure de plaisir à qui te lira !... Je serai content !

Clotilde de Lusignan est une œuvre assez indigeste, mais ce prologue n'est-il pas une page pleine de jeunesse et de fraîcheur pour cette époque de perruques vieillottes comme MM. d'Arlincourt, Ancelot ou Baour-Lormian? C'est Balzac qui se jette en avant, qui se délasse de ses travaux forcés à la porte même du bagne. A ce titre, cette pièce méritait d'être conservée.

Dans la même année 1822, nous trouvons dans *le Vicaire des Ardennes,* publiées par Horace de Saint-Aubin, *bachelier ès lettres,* auteur du *Cen-*

tenaire (romans qui furent vendus à Pollet deux mille francs environ), une préface pleine de bonhomie, dont les quelques passages qui suivent doivent être considérés comme un précieux document littéraire :

Comme on pourra critiquer et que l'on critiquera assurément cet ouvrage, je déclare que je suis jeune, sans expérience et sans aucune connaissance de la langue française, quoique je sois bachelier ès lettres... Alors mes censeurs ne se tromperont pas en disant que cette production annonce du mérite à travers les aberrations d'une imagination de vingt ans, et malgré les fautes de style qu'ils y trouveront... Mais je leur réserve un coup auquel ils ne s'attendent pas. C'est que cette production n'est pas de moi ; — en effet, si j'étais l'auteur de cet ouvrage, je me serais bien gardé d'y clouer une préface. J'ai trop d'amour-propre pour écrire un seul mot avec la certitude qu'il ne serait pas lu.

Les zoïles écartés par ma franche confession, je m'adresse à la partie saine du public, c'est-à-dire à ceux qui auront le bon sens de me lire, à ceux que le délire de la politique n'a pas saisis, et qui, dévorant avec joie les bons romans, ne sortent de la vie, ne s'élancent dans le monde idéal que crée un auteur habile, charment ainsi leurs chagrins et ne vivent plus qu'avec des êtres imaginaires qui leur plaisent ou quelquefois les ennuient, car nul n'est parfait, même dans le monde romantique.

C'est à cette *classe* (remarquez bien ce mot) que je m'adresse, c'est à elle que j'ai réservé l'explication de l'espèce d'énigme que renferment les premières pages de cette préface. Je serai sincère, j'aurai le courage de confesser tous mes torts et de paraître au tribunal de police correctionnelle de l'opinion des lecteurs de romans en leur demandant pardon de parler de moi... Mais comme nous avons longtemps à nous voir, puisque j'ai trente ouvrages à faire paraître, je crois que nous pouvons sans danger nous dire nos vérités.

Ici, le jeune écrivain se prend à raconter par quelle singulière aventure, se promenant au cimetière du Père-Lachaise, il vit un jeune homme mourant de faim sur la tombe de sa maîtresse, et comment un manuscrit étant tombé de la poche de cet infortuné, il s'en empara et y trouva le canevas du *Vicaire des Ardennes*.

Ce récit ferait hors-d'œuvre; nous l'écourtons et arrivons à la fin de cette préface :

Vous remarquerez combien il a fallu de travaux pour pouvoir deviner par la seule force de l'imagination tout ce que le manuscrit du jeune homme ne disait pas, et pour disposer son histoire de manière à former un ouvrage dramatique dans le plan, les caractères, etc.

Il est vrai que le hasard voulut que j'eusse encore à cette époque quelque argent, car les poches des bacheliers ès lettres sont souvent vides, et j'employai mon petit pécule à aller à Aulnay-le-Vicomte, lieu où se passe l'intrigue du roman.

Attendu que le libraire ne m'a pas remboursé mes frais de voyage, de ce voyage entrepris dans l'intérêt de tous, je supplie ceux qui auront la bonté de me lire de faire aller cet ouvrage vers la route flatteuse d'une seconde édition. C'est le seul moyen d'empêcher la ruine totale d'un pauvre bachelier qui commence ses premières opérations de *littérature marchande*.

En terminant cette entrevue amicale avec mes juges, je les supplie de me pardonner de les avoir initiés dans mes petites affaires, et je leur recommande une dernière fois d'avoir du courage, de la patience, et, avant tout, de m'accorder leur amitié. Quant à la mienne, ils sont sûrs de l'obtenir à la seconde édition, et s'ils veulent savoir par quel moyen je leur témoignerai cette affection littéraire, ils n'ont qu'à essayer, et sur-le-champ j'imprimerai : *le Traversin* ou *Mémoires secrets d'un ménage; le Fiancé de la mort; Mon cousin Vieux-Ponts; le Bâtard; les Conspirateurs* et *les Gondoliers de Venise*.

HORACE DE SAINT-AUBIN.

A l'île Saint-Louis, ce 30 septembre 1822.

Telle est cette curieuse préface du *Vicaire des Ardennes*, si naïve et si ironique à la fois, qui contient à elle seule un fragment de *l'Histoire d'un esprit d'écrivain au XIXe siècle;* on remarquera les titres d'ouvrages que le jeune bachelier jette à la foule vers la fin de ce boniment; ces titres sont curieux, mais nous n'avons pas cru devoir les consigner dans notre étude sur les *projets littéraires de Balzac* qui vont suivre, car ils nous paraissent lancés sans ordre et ne devaient point couvrir à coup sûr des projets bien mûris.

Ce qui est resté ignoré de toute notre génération et de la plupart des bibliographes, — Balzac ne s'en étant jamais vanté par la suite, — c'est la mise à l'index, la saisie et la destruction du *Vicaire des Ardennes*, considéré par mesure de police comme *immoral et irrégulier;* l'infortuné romancier fut sans doute très affecté de cette rigueur judiciaire, car dans la préface, non moins inconnue et non moins intéressante d'*Annette et le criminel* ou suite du *Vicaire des Ardennes*, publié chez Émile Buissot en 1824, il s'exprime en ces termes :

Mes chers lecteurs, dans la préface du *Vicaire des Ardennes*, je vous avais priés de protéger mes petites opérations de littérature marchande; mais, hélas! malgré votre bienveillance, une rafale, un coup de *mistral* a renversé un édifice que le pauvre bachelier croyait avoir bien construit. Après avoir travaillé nuit et jour comme un forçat, pour exciter vos larmes en faveur du vicaire des Ardennes, la justice est venue le saisir au moment où il obtenait quelque petit succès qui le mettait à l'aise. Mon pauvre libraire a crié, et peu s'en est fallu que je ne me crusse obligé de lui donner de quoi se rafraîchir le gosier, si je ne m'étais souvenu que la pauvre *gent* des auteurs ressemble à Cassandre que l'on trompe toujours. Hélas! la moitié, la plus belle moitié de l'édition du *Vicaire*, a été anéantie sous le pilon qui a broyé *l'Histoire philosophique des deux Indes* et *l'Émile*. Cette pensée m'a consolé, car, puisque mon ouvrage était criminel, il n'y a rien à regretter, et je n'ai plus qu'à me féliciter de cette ressemblance d'un pauvre petit opuscule avec ces grands monuments, d'autant plus qu'en conscience, je dois rendre hommage au bon cœur de mes juges, qui ont eu pitié du pauvre bachelier ; ils ont rogné les ongles de la déesse, quand elle a fait tomber sa main sur moi, si bien que je ne l'ai presque pas sentie, et je leur dois grande reconnaissance. — N'allez pas, mes chers lecteurs, me croire devenu ministériel, d'après ce sincère éloge de la magistrature ; d'abord mon éloge ne vaudrait rien pour ces messieurs, car, de commande, il y en a tant qu'on veut, au lieu qu'être remercié de cœur par un auteur saisi, c'est une chose rare ; on ne se quitte presque jamais sans rancune avec dame Justice.

... D'abord, après avoir lu cet éloge des magistrats, quelques méchantes gens, mes ennemis sans doute (car un ciron en a), pourraient prétendre que j'ai changé d'opinion et que la saisie a opéré une salutaire réforme dans ma tête, et ils s'en iront disant : « Ah ! n'ayez pas peur qu'il ne fronde quelque « chose ! il ne raillera plus rien ; il a reçu sur les « doigts ; il n'y aura plus rien d'intéressant dans ce « qu'il écrira ; adieu ce qu'il nous a promis. » — Oh ! messieurs, je vous prie de ne pas les écouter, car je vous promets, bien que je sois dans mon année climatérique, dans l'année qui arrive tous les sept ans, et pendant laquelle tout change chez nous, année qui a bien souvent servi de prétexte aux ministériels de toutes les époques qui, à chaque quart de conversion qu'ils faisaient, se prétendaient dans leur année climatérique, je vous jure que je n'en continuerai pas moins encore comme par le passé.

Moi, quelle est ma tâche ? C'est d'aller à la messe le dimanche à Saint-Louis, et d'y payer mes deux chaises sans rien dire à la jeune personne qui reçoit mes deux sous, quoiqu'elle soit bien jolie ; de monter ma garde à ma mairie, de payer mes 8 fr. 75 cent. d'imposition et de faire mes romans les plus intéressants possible, afin d'arriver à la célébrité et de pouvoir payer le prix d'un diplôme de licencié en droit. Du reste, je n'ai nulle envie de trouver mauvais qu'on soit gouverné aristocratiquement, et de m'insurger surtout avec ma pauvre canne de bambou et mes deux poings. Non, non, *Horace Saint-Aubin* est trop sage pour se fourrer dans de telles bagarres! D'autant plus qu'on n'ira jamais le chercher pour le faire conseiller d'État, ce qui lui irait comme un gant, car à qui cela ne va-t-il pas ?

Ah! si j'étais une fois conseiller d'État, comme je dirais au roi, et en face : « Sire, faites une bonne « ordonnance qui enjoigne à tout le monde de lire des « romans !... » En effet, c'est un conseil machiavélique, car c'est comme la queue du chien d'Alcibiade ; pendant qu'on lirait des romans, on ne s'occuperait pas de politique...

... Je n'ai plus qu'à finir en sollicitant la plus grande indulgence pour un homme qui s'est toujours annoncé pour savoir faiblement sa langue ; et, en effet, quand on a bu au vase des sciences dans le collège de Beaumont-sur-Oise, et que l'on a fait sa rhétorique sous feu le père Martigodet, on ne doit pas espérer de brillants succès. Mais le hasard est une si belle chose que l'on peut bien un matin jeter son bonnet en l'air, faire craquer ses doigts et se croire du talent tout comme un autre ; on en est quitte pour faire comme le bonnet, c'est-à-dire retomber.

Là-dessus, je souhaite à ceux qui ont des vignes de faire de bonnes vendanges ; à ceux qui ont des métairies, de bonnes moissons ; aux notaires, des successions ; aux avoués, des ventes ; aux vicaires, des cures ; aux curés, des évêchés ; aux évêques, des chapeaux ; aux cardinaux, le ciel ; à chacun, ce qu'il désire ; aux boiteux, de belles béquilles ; aux sourds, des cornets ; aux aveugles, d'y voir clair, etc., etc. Ne voulant ainsi que du bien à tout le monde, j'espère que personne ne me voudra du mal et que mon roman aura du succès, sinon... hé bien !... j'en ferai un autre. Qu'est-ce que je risque ? Ce n'est jamais que quelques sous d'encre, de plumes, de papier et de cervelle qu'il m'en coûte ; et encore si mon roman ne se vend pas comme chose gentille, il se débitera comme opium ; ainsi j'y vois bien des chances de succès, surtout après avoir imploré tout le monde ; mais si quelqu'un trouvait qu'il y a peu de dignité à cela, prenez que je n'ai rien dit et ce sera tout un.

Cela étant, j'ai l'honneur d'être, monsieur, madame ou mademoiselle, votre très humble serviteur, présentant mon salut au monsieur, mes hommages à la dame et quelques gracieusetés à la demoiselle, pourvu qu'elle ait trente ans au moins ; quarante passe encore ; mais davantage, oh ! cette gracieuseté se tournerait en un profond respect.

Qu'on juge du progrès de Balzac ! Comme le petit plaidoyer *pro domô sua* que nous venons de donner indique chez son auteur plus de hardiesse d'imagination et plus de légèreté de style que dans la précédente préface ! — On sent que le travail a assoupli et amenuisé cet esprit, un peu gauche à ses débuts, et que bientôt il va jeter là sa pauvre défroque d'Horace Saint-Aubin pour apparaître lumineusement : Balzac.

Nous eussions dû ranger, ou plutôt analyser ici,

parmi les *Œuvres de jeunesse : le Code des gens honnêtes,* les Notices sur *La Fontaine* et *Molière,* alors que Balzac était imprimeur, le *Petit Dictionnaire des Enseignes de Paris, l'Épicier* et autres productions assez peu connues ; mais si les chercheurs doivent à la curiosité tout ce qui les rend estimables, comme disait Patin le médailliste, il convient d'ajouter qu'ils se doivent également à eux-mêmes de savoir se borner, pour ne pas fatiguer l'attention de ceux qu'ils admettent dans leurs arcanes.

Nous pensons devoir tracer quelques lignes sur la famille de Balzac, dont on s'est peut-être insuffisamment occupé et dont le public ignore assurément les parentés les plus proches. En voici l'exposé sous la formule la plus simple :

Honoré était l'aîné de deux sœurs et d'un frère. Celui-ci, **Henri de Balzac**, qu'on ne fait qu'entrevoir dans la correspondance de 1819 à 1826 environ, était un esprit pratique tourné vers les grandes entreprises commerciales ; il partit de bonne heure pour les colonies où il se maria et sans doute y mourut.

La sœur cadette, nommée *Laurence,* fut mariée en 1822 à M. de Montraigne, et mourut en 1827 après cinq ans de mariage, au moment même où notre romancier cédait, après des pertes et des tracas considérables, l'imprimerie qu'il avait fondée rue des Marais-Saint-Germain (aujourd'hui rue Visconti).

Quant à la sœur aînée Laure, — *Laura soror,* — comme la nommait son frère Honoré, l'amie, la confidente dévouée, la consolatrice du grand homme, l'auteur des précieux *Souvenirs* qui seront toujours consultés avec fruit tant qu'on s'occupera de Balzac, elle épousa en 1820 M. Surville, ingénieur des ponts et chaussées, le canalisateur d'Essonnes, et eut de ce mariage deux filles, dont l'une devint la femme de M. Duhamel, l'ancien chef de cabinet de M. Grévy.

On s'était jusqu'à ce jour assez peu préoccupé de la question d'hérédité de l'auteur des *Scènes de la vie de campagne.* En 1866, un curieux avait déjà adressé à la *Petite Revue* cet intéressant recueil rempli de documents littéraires peu connus, — une lettre qui prétendait retirer Balzac à la Touraine pour le donner au Languedoc. C'est, en effet, au hameau de la Nougarié, près de Montirat, village du département du Tarn, que vint au monde, en 1746, le père du plus grand romancier de ce siècle.

C'était, paraît-il, un homme d'une trempe vigoureuse, quelque peu infatué de sa force physique et possédant les mêmes idées optimistes que

M. Flourens en matière de longévité. Ayant quitté son pays à l'âge de quatorze ans, il en parlait encore l'idiome vernaculaire à soixante-dix ans, et, s'il n'atteignit pas la centaine, ce fut par suite d'un accident qui l'enleva subitement aux siens plus qu'octogénaire.

M. Champfleury a publié, il y a quelques années, dans un article de revue (sous ce titre : *le Père de Balzac*), une très intéressante étude qui ne sera pas le moins curieux des documents inédits qu'il rassemble pour servir à l'histoire de la vie et de l'œuvre de Balzac. Nous lui empruntons les lignes suivantes :

Peut-être cette origine méridionale de Balzac enlèvera-t-elle quelque nuance au renom de *Tourangeau*, un des qualificatifs habituels du romancier. Honoré de Balzac naquit à Tours, il est vrai ; mais la nature du Tarn, l'exubérance particulière aux esprits de cette province, le désir de primer et de paraître qui poussa le romancier à ajouter une particule nobiliaire au nom en *ac* de son père, tout cela appartient plus à la Gascogne qu'à la Touraine, et il est bon de tenir compte de ces questions de sol et de race.

Le père de Balzac, ancien avocat aux conseils du roi, lié avec des notabilités que la Révolution fit surgir tout à coup, avait été envoyé en 1792 dans le nord de la France pour organiser le service des vivres de l'armée. Il se tira de ces fonctions avec assez d'habileté pour être envoyé en 1799 à Tours, en qualité de directeur de la régie, chargé en même temps de l'administration du grand hôpital de la ville. Sur ces points, on manquerait de détails précis, si la réputation bruyante du fils n'avait plus tard attiré l'attention des provinciaux, attention non pas tout à fait sympathique; mais c'est la marque des hommes ardents que de se créer des inimitiés partout où ils posent le pied.

M. de Balzac était un réformateur de la classe de ceux qui, dans les époques suivantes, furent appelés économistes ou socialistes, en prenant ce dernier mot dans son meilleur sens. Entre 1807 et 1809, le fonctionnaire publia deux brochures, qui indiquent un citoyen préoccupé de rendre ses semblables meilleurs.

L'une a pour titre : *Mémoire sur le scandaleux désordre causé par les jeunes filles trompées et abandonnées dans un absolu dénuement, et sur les moyens d'utiliser une portion de population perdue pour l'État et très funeste à l'ordre social.*

L'autre est intitulée : *Mémoire sur les moyens de prévenir les vols et les assassinats, et de ramener les hommes qui les commettent aux travaux de la société, et sur les moyens de simplifier l'ordre judiciaire.*

Que de problèmes soulevés en quelques pages par l'administrateur d'un hôpital, c'est-à-dire par un homme bien placé pour étudier les plaies sociales ! Misères des filles-mères, orphelins et bâtards, voleurs et assassins, leur rentrée dans la société, simplification de l'ordre judiciaire, font pressentir un utopiste voulant guérir trop de maux à la fois, un songeur qui ne peut étreindre son sujet trop développé, un écrivain peu concis à en juger par le titre de ses brochures.

Le père de Balzac fit encore imprimer chez Mame, en 1809, un *Mémoire sur deux grandes obligations à remplir par les Français,* et, à en croire une note de M. Montmerqué, l'idée première de l'érection de l'Arc de Triomphe serait due à M. de Balzac père. Quand nous aurons mentionné une *Histoire de la rage et moyens d'en préserver comme autrefois les hommes, et de les délivrer de plusieurs autres malheurs qui attaquent leur existence,* édition faite pour le gouvernement seul, nous aurons à peu près catalogué la série de brochures de cet homme bizarre.

Cependant, ce que M. Champfleury ne dit pas, c'est que le créateur d'*Eugénie Grandet* se considérait à peu près comme Languedocien, et, dans une lettre à sa sœur Laure, il écrit : « Si vous me donniez rendez-vous sur les bords du canal de l'Ourcq, il ne me faudrait que trois heures de marche pour revenir à ma mansarde, et l'*Albigeois* aurait tout vu ce qu'il a de plus cher au monde. »

On pourrait donc regarder logiquement Balzac comme un Méridional. La ville de Tours, qui fut si ingrate de son vivant pour son illustre enfant, va protester assurément; mais il paraîtrait qu'en Languedoc il reste encore des Balzac, et en nombre respectable, qui réclament l'honneur de compter Honoré de Balzac comme l'un de leurs plus nobles parents et concitoyens.

Il serait curieux de faire naître des contestations et de rendre le débat public.

Ces contestations seraient d'autant plus intéressantes qu'elles laisseraient bien peu de prise à la genèse de Balzac *Tourangeau*.

Si Balzac en effet est Languedocien par son père, il demeure Parisien par sa mère, Laure Sallambier, née à Paris d'un Parisien d'origine.

Laure Sallambier, âgée de dix-huit ans, épousa en janvier 1797, François-Bernard Balzac, quinquagénaire ; elle avait trente-deux ans de moins que son mari. C'était, éminemment, une nerveuse, lui un sanguin. Or le tempérament d'Honoré fut incontestablement nervoso-sanguin.

M. Sallambier, le père de Mme Balzac, était directeur des hôpitaux de Paris. Il y a, à l'Hôtel-Dieu, une salle Sallambier à lui consacrée. Honoré fut conçu à Paris, puisqu'il est né le 20 mai 1799 et que son père ne fut envoyé à Tours qu'aux premiers mois de cette même année.

Le hasard seul le fit donc naître à Tours, où il ne passa que huit ans, de sa naissance à son entrée au collège de Vendôme, le 22 juin 1807. — Il sortit de ce collège le 22 avril 1813, fut ensuite, pendant une année, externe au lycée de Tours ; puis sur la fin de 1814, il vint avec sa famille à Paris, où il termina ses études, d'où il ne sortit que pour voyager et où il mourut. — En 1804, un voyage à Paris fut le plus grand événement de son enfance[1], si l'on en croit ses épîtres postérieures.

Au demeurant, Honoré de Balzac est Parisien-Languedocien, mais non pas *Tourangeau*. La ville de Tours a, quoi qu'elle puisse dire, moins de droits que Paris de faire sien ce grand génie d'essence et d'origine indiscutablement parisiennes.

Nous aborderons ici le chapitre des projets littéraires d'Honoré de Balzac.

Lorsqu'un écrivain aussi puissant que Balzac vient à tomber, vaincu par un travail opiniâtre et les terribles secousses d'un cœur battant sans cesse d'une épaule à l'autre, toute une génération littéraire s'approche, timidement d'abord, effarée et curieuse, munie de la lorgnette, du scalpel et

---

[1]. Tous ces détails ont été fournis, pour la première fois, par M. Jules Christophe, dans les numéros 5 et 6 du tome Ier de la *Revue indépendante* (septembre et octobre 1884).

M. Christophe a également publié l'acte de naissance d'Honoré Balzac en démontrant que la particule n'existait pas chez les Balzac et que le frère et la sœur d'Honoré signaient *Balzac* tout court.

M. Duhamel détient de nombreux et précieux renseignements sur le plus grand romancier français, mais il les conserve jalousement et les chercheurs ne peuvent, dit-on, rien obtenir de lui. — L'étude de Balzac est donc loin d'être déjà close.

du microscope. — La poule aux œufs d'or est morte, chacun regarde son plumage étincelant, se remémore les prodiges pondus, et c'est à qui fera l'autopsie de ce géant qui, en disparaissant, a fait un vide immense dans la république des lettres.

Les biographes, ces agioteurs des souvenirs, arrivent à la rescousse : l'homme n'est plus, que déjà le héros survit et prête à la légende. Aux notices hâtives sur Honoré de Balzac ont succédé bientôt les portraits intimes et les anecdotes sans façon, les historiettes à bâtons rompus, les *ana* plus ou moins curieux sur le romancier en pantoufles. Il n'est peut-être point de littérateur contemporain dont on ait mieux et plus différemment commenté l'œuvre et la vie. Après *Madame Surville*, la *Sœur dévouée*, l'*Alma Soror*, apportant un pieux hommage à la mémoire et au génie de son frère, deux amis du grand metteur en scène de *la Comédie humaine,* deux familiers du *home,* deux convives des heureux jours, Théophile Gautier et Léon Gozlan, se mirent à tisonner la braise encore chaude des *Jardies*. — Lamartine, lyrique contemplateur, étudia en poète *l'homme et ses œuvres*. Champfleury, plus réaliste, explora les côtés matériels de sa vie, et, dans le sillon largement ouvert de cette biographie documentaire, Armand Baschet, alors à ses débuts, trouva encore à glaner mille particularités curieuses. Il n'y eut pas enfin jusqu'à Edmond Werdet, l'ex-libraire éditeur, qui ne prétendît, dans un style d'une exquise bonhomie et sous une forme primesautière, juger d'après ses souvenirs de boutique la vie, l'humeur et le caractère de son génial auteur.

Tant de biographies toisent Balzac du haut en bas, le tournent et le retournent, inventorient son passé, portraicturent sa grande figure largement et minutieusement à la fois, le présentent dans les côtés apparents de la vie publique et les petits côtés de l'intimité, et réservent en fin de compte peu de place à de nouvelles investigations. La *Correspondance* qui fut publiée en dernier lieu livre entièrement le Tourangeau à la curiosité de ses admirateurs et couronne la série biographique en laissant apercevoir Balzac presque nu, dans le déboutonné de son talent, à la bonne franquette de sa gaieté rabelaisienne, de ses projets, de ses aspirations, de ses efforts, de sa tristesse et de ses larmes.

Il nous restait cependant un coin inexploré, et il nous a paru intéressant de grouper dans une étude courte et sobre d'observations, en manière de catalographe curieux plutôt que d'érudit, *les projets littéraires* éclos dans le cerveau du plus grand remueur d'idées de notre époque, et que les tracas d'une vie fiévreuse ne lui ont pas permis de réaliser.

L'auteur de la *Recherche de l'absolu* seul eût

pu décrire les innombrables et étranges idées qui se sont produites, développées et fixées pendant un instant comme des hantises magiques, sous son crâne effervescent et toujours sous pression. Notre rôle se bornera à noter les conceptions qu'il arrêtait et résumait sous un titre quelconque dans un but de bibliopée. Suivons-le donc dans la marche ascendante de son œuvre.

A peine installé dans sa mansarde de la rue Lesdiguières, avec la Gloire pour maîtresse, ainsi qu'il le dit et le nomme *lui-même* pour domestique, le jeune Honoré se rompt les poignets dans des compositions qui n'ont jamais vu le jour. — Déjà, au collège de Vendôme, il s'était essayé sur une *Théorie de la volonté.* C'est maintenant *Coquecigrue,* un roman, dont les péripéties lui germent en tête pendant de longues semaines, et qu'il abandonne pour le mieux mûrir et ruminer; puis c'est un *opéra-comique,* sans titre (?), auquel il renonce faute de compositeur, mais aussi pour ne pas sacrifier au goût du jour et pouvoir se consacrer au genre noble, à la grande tradition dramatique, à son fameux *Cromwell*, dont il résume le plan détaillé dans une lettre à sa sœur Laure (1820). — Pour se distraire des fatigues que lui procure cette tragédie ardue, le débutant *croquignole,* selon son mot, un petit roman dans le genre antique (sans doute *Sténie ou les Erreurs philosophiques*), fait mot par mot, pensée à pensée, avec toute la gravité qu'une telle chose comporte.

A la même époque, il projette et rime deux poèmes laissés inachevés : *Saint Louis* et le *Livre de Job*, et il ébauche un conte satirique : *les Deux amis*, ainsi qu'un gros roman très noir : *l'Enfant maudit*, qu'il ne publiera que longtemps après.

Ces quelques projets occupent toute la première étape littéraire de Balzac. Plus tard, en 1830, il parle lui-même avec enthousiame d'une vaste entreprise ; il s'agit des *Trois Cardinaux* (1839), œuvre magistrale dans laquelle il eût voulu mettre en scène le père Joseph, dit *l'Éminence grise*, Mazarin et Richelieu. Entre temps, il rêvait de romans et d'articles de revue qui ne reçurent sans doute point d'exécution. En voici les titres : *Un article sur le serment*; — *les Causeries du soir* (volume de nouvelles); *le Maudit* (article ébauché pour la *Revue* de Buloz); — *les Amours d'une laide*; — *Histoire de la succession du marquis de Carabas dans le fief de Coquatrix*; — *Jacques de Metz*; — *les Héritiers Boirouge*; — et enfin la *Bataille d'Austerlitz*, dont Balzac parlait fréquemment comme devant faire partie des *Scènes de la vie militaire*.

De 1833 à 1850, l'insatiable travailleur exécute plus de besogne qu'il ne conçoit de projets. Nous devons néanmoins citer comme tels : *Vingt pages sur le Salon de* 1833; — *le Privilège,* roman qui devait suivre *le Curé de campagne;* — *les Deux sculpteurs;* — *Distraction;* — *Une douloureuse histoire,* romans divers; — *le Roi des Becs Jaunes;* — *l'Histoire d'une idée heureuse,* dont le prologue seul a été fait, et aussi un projet de pièce-vaudeville : *Richard Cœur d'Éponge,* que Théophile Gautier devait arranger pour la scène et faire représenter au théâtre des Variétés.

Nous nous arrêterons plus particulièrement sur un projet que Balzac paraît avoir beaucoup caressé et qu'il affirme, même dans sa *Correspondance,* avoir exécuté en entier, bien qu'il n'ait jamais été mis en lumière; en 1836, il écrit de la Boulonnière, près de Nemours, à maître Werdet, son éditeur : « J'ai terminé le manuscrit de *Sœur Marie des Anges.* Je ne veux pas le confier à la diligence. »

Sœur Marie des Anges, cela est patent, n'a jamais existé que dans l'imagination irradiée du romancier, qui voulait peindre, sous ce titre, une âme de jeune fille avant l'invasion d'un amour qui conduira au couvent : « Je lui ferai abhorrer les Carmélites dans sa jeunesse, où elle ne rêve que le monde et les fêtes, dit-il à ce sujet (*Lettre à Mme Hanska,* 1838), et le malheur la ramènera au couvent, qui sera pour elle un asile et un refuge. — Après avoir passé huit années au couvent, elle arrive à Paris aussi étrangère que le Persan de Montesquieu, et je lui ferai juger et dépeindre le Paris moderne par la puissance de l'idée, au lieu de me servir de la méthode dramatique de nos romans. C'est une *donnée nouvelle*, et, si je réussis à l'exécuter comme je l'entends, je vous réponds que vous serez contente de moi. »

Hélas! de *Sœur Marie des Anges,* de ce *livre d'amour,* comme se plaisait à le désigner l'écrivain, il ne reste que quelques lignes fugitives que pourront méditer les romanciers naturalistes d'aujourd'hui.

Mais ce n'est plus le Balzac aux projets vagabonds qui va nous occuper maintenant; c'est l'auteur de la *Grrrande Comédie humaine* et des ouvrages divers que cette œuvre devait comprendre dans son ensemble et qui sont restés à l'état de projets. Nous n'indiquerons pas seulement ici les titres des ouvrages qui se trouvent mentionnés sur un catalogue de *la Comédie humaine* dressé par Balzac et retrouvé dans ses papiers, mais aussi quelques ébauches de volumes que nos recherches nous ont permis de découvrir et de rassembler, et qui devaient rentrer, à n'en pas douter, dans l'œuvre complète de l'écrivain.

Dans les SCÈNES DE LA VIE PRIVÉE, Balzac avait projeté les romans suivants, dont les seuls titres nous inspirent d'amers regrets : — *les Enfants,* — *Un Pensionnat de demoiselles,* — *Intérieur de collège*, puis (ici, il faut l'avouer, nos regrets s'accentuent) comme un *post-face* à la Physiologie du mariage : *Gendres et belles-mères!*

Dans ces mêmes études de mœurs, nous croyons devoir ranger ces analyses sociales projetées sous ces titres : *le Mitouflet,* — *la Frétore* (?), — *Onda Mulier,* — *l'Original.*

Les SCÈNES DE LA VIE PARISIENNE, qui contiennent les *Parisiens en province*, devaient être augmentées de : *Une vue du palais,* — *les Frères de la consolation,* — *Une actrice en voyage,* — *les Grands, l'hôpital et le peuple* et *les Gens ridés.*

Dans les SCÈNES DE LA VIE POLITIQUE auraient pris place les œuvres suivantes : *l'Histoire et le Roman,* — les *Deux ambitieux,* — *le Diplomate,* — *l'Attaché d'ambassade,* et... *Comment on fait un ministère.*

Avant d'entreprendre les SCÈNES DE LA VIE MILITAIRE, Balzac en avait jeté et paraphrasé l'idée première; nous relevons ces nombreuses lacunes : *les Soldats de la République* (trois épisodes), — *l'Entrée en campagne,* — *Une bataille vue de l'Empire* (1809), — *les Vendéens*, tableaux de guerre civile au XIXe siècle. Pour *les Français en*

Égypte, les deuxième et troisième épisodes font défaut. Ce sont *le Prophète* et *le Pacha*. Pour le reste, voici les titres des œuvres militaires qui devaient paraître successivement : *l'Armée roulante*, — *la Garde consulaire*, — *Un combat*, — *l'Armée assiégée*, — *Sous Vienne*, — *A marche forcée*, — *la Plaine de Wagram*, — *l'Aubergiste*, — *les Anglais en Espagne*, — *Moscou*, — *la Bataille de Dresde*, — *les Traînards*, ou encore *Après Dresde*, — *les Partisans*, — *Une croisière*, — *les Pontons*, — *la Campagne de France*, — *le Dernier champ de bataille*, — *l'Émir*, — *la Pénissière* et le *Corsaire algérien*.

Il manque deux romans aux SCÈNES DE LA VIE DE CAMPAGNE : *le Juge de paix*, — *les Environs de Paris*. — Aux ÉTUDES PHILOSOPHIQUES, il en manque six : *le Phédon d'aujourd'hui*, — *le Président Frilot*, — *le Philanthrope*, — *le Chrétien*, — *le Nouvel Abeilard*, — *la Vie et les Aventures d'une Idée;* — enfin, pour terminer avec *la Comédie humaine*, Balzac rêvait de compléter ses ÉTUDES ANALYTIQUES par : *l'Anatomie des corps enseignants*, — *Une monographie de la Vertu* et un grand *Dialogue philosophique et politique sur la perfection au XIXe siècle*, qui eût été le couronnement de son œuvre entière.

Si, de Balzac romancier, nous passons au Balzac auteur dramatique, nous trouvons ses cartons remplis de grands et petits *ours* qui n'ont jamais vu la lumière de la rampe et qui forment un nombre respectable d'actes de drames, de comédies ou de vaudevilles. Quelques-unes de ses pièces devaient être tirées de ses romans, les autres procédaient d'une conception toute particulière et devaient parfois former un ensemble satirique, si nous en croyons ces trois titres de comédies modernes projetées : — *la Conspiration Prudhomme,* — *le Mariage Prudhomme,* — *Sophie Prudhomme.* Nous avons parlé plus haut d'une bouffonnerie en collaboration avec Gautier, *Richard Cœur d'Éponge ;* voici, sans commentaires, les titres des pièces que la mort n'a point permis à l'auteur de *Vautrin* d'entreprendre ou de finir : *l'Armée roulante,* — *Annunciata,* — *la Comédie de l'amour,* — *les Courtisans,* — *l'Éducation d'un prince,* — *la Fille et la Femme,* — *la Folle épreuve,* — *Gobseck,* — *Monsieur le Ministre* (Eh! eh! monsieur Claretie!), — *Orgon,* — *le Père prodigue,* — *les Petits Bourgeois,* — *Pierre et Catherine,* drame, — *la Succession Pons,* — *le Roi des mendiants,* — *la Veille et le lendemain.*

Balzac ressentait un entraînement irrésistible, on le voit, pour le théâtre. Il rêvait, comme dit Gozlan, la monarchie littéraire universelle. —

Mais rien ne parvenait à ralentir ce cerveau extraordinaire, et il y aurait encore, en dehors des *projets littéraires* que nous venons d'analyser, un autre côté du grand homme à étudier; ce serait l'histoire de ses *Idées commerciales*, paradoxes ou entreprises sérieuses qu'il se déclarait si souvent prêt à entreprendre, spéculations surprenantes telles que les cent mille pieds d'ananas, plantés aux *Jardies*, exploitation de mines argentifères, ou ouverture d'une boutique de denrées coloniales en plein boulevard sur l'enseigne de laquelle on eût lu : *Balzac épicier*, et où lui-même, vêtu d'un sarrau de toile, eût servi ses clients et admirateurs, et réalisé, prétendait-il, une fortune hâtive et colossale.

D'un tel excédent intellectuel, il y aurait matière à un ouvrage spécial; il se trouvera bien quelqu'un d'assez courageux pour l'entreprendre un jour, en vertu de cet aphorisme de Balzac : *Gens de lettres, gens de peine, deux mêmes genres de gens.*

La femme tient une place énorme dans l'œuvre de Balzac; ses héroïnes ont toutes un type si accentué, elles saillent de son imagination dans une incarnation si complète, avec leur grâce, leur rouerie, leur dévouement, la sublimité de leur vertu ou la crânerie de leurs vices qu'on ne saurait aborder dans une étude passagère la revue de ces grandes actrices de la *Comédie humaine*. On a pu réunir *les Femmes de Balzac* en un keepsake littéraire illustré, comme on a réuni les *Femmes de Shakespeare*. Elles forment, en effet, plus de cent types féminins pris dans les milieux les plus différents de la société : *Eugénie Grandet*, *Madame Graslin*, *la Fosseuse*, *Mademoiselle de Vatteville*, *Mademoiselle Mortsauf*, la *Duchesse de Maufrigneuse*, *Madame Marneffe*, *Madame de la Chanterie*, *Madame Diard*, *Mesdames Jules*, *Delphine et Anastasie Goriot*, *Béatrice*, *Camille Maupin*, *Madame Rabourdin*, *lady Brandon*, *Madame de Beauséant*, *Pierrette*, *Madame Firmiani*, la *Cousine Bette*, *Ida Gruget*, *Madame de Carigliano*, la *Duchesse de Langeais*, et tant d'autres de premier ou de second plan dans cette étonnante galerie de la grande comédie.

Balzac, dont on a voulu faire un naïf dans les questions de l'amour et des femmes, est l'un des écrivains de ce siècle qui ont le plus habilement et le plus minutieusement décrit le cœur féminin. A côté de sa volonté d'homme et de son énergie formidable, il possédait des côtés d'une délicatesse extrême, et il percevait les moindres sentiments avec un tact exquis.

« Sachez, écrivait-il à *Louise*, à cette maîtresse inconnue aux yeux de laquelle il se livrait tout entier dans des lettres admirables, — sachez que tout ce que vous présumez de bon chez moi est meilleur encore; que la poésie exprimée est au-dessous de la poésie pensée; que mon dévouement est sans bornes; que je n'ai de l'homme que l'énergie, mais que ma sensibilité est très féminine. Ce que je puis avoir de bon est étouffé par les apparences de l'homme toujours en travail; mes exigences ne sont pas de moi, pas plus que les formes dures auxquelles me contraint la nécessité. Tout est contraste en moi, parce que tout est contrarié. »

Balzac entrait entièrement dans la nature de ses créatures; il y jetait toute son âme, et, par une sorte d'avatar étrange, ce visionnaire sublime arrivait à concevoir et à décrire les sentiments les plus voilés, les plus impénétrables, ceux-là mêmes que les femmes réfugient bien au fond de leur cœur et qu'elles croient le mieux en sûreté, loin du regard le plus effronté des psychologues. Aussi le succès de Balzac fut-il grand chez toutes ses contemporaines, qui se sentaient dévisagées et voyaient leur âme démurée par l'œil du philosophe. Sainte-Beuve, en constatant cette heureuse réputation du portraitiste féminin, écrivait un jour : « En province surtout, où les existences de quelques femmes sont plus souffrantes, plus étouffées et étiolées que dans le monde parisien, où le désaccord au sein du mariage est plus comprimant et moins aisé à éluder, M. de Balzac a trouvé de vifs et tendres enthousiasmes. Le nombre est grand des femmes de vingt-huit à trente-cinq ans à qui il dit leur secret, qui font profession d'aimer Balzac, qui dissertent de son génie et s'essayent, la plume à la main, à broder et à varier à leur tour le thème inépuisable de ces charmantes nouvelles. La *Femme de trente ans*, la *Femme malheureuse*, la *Femme abandonnée*, c'est là un public à lui. Délicieux public, malgré ses légers ridicules, et que tout le monde lui envierait assurément. Crébillon fils, en son temps, eut aussi une telle prise sur l'imagination de certaines femmes qu'une jeune dame anglaise s'affolant de lui, après une lecture de je ne sais quel roman, accourut tout exprès pour l'épouser... »

Sainte-Beuve disait vrai (sauf l'historiette controuvée de Crébillon le fils, empruntée à Janin, qui donna tant d'entorses à l'histoire littéraire). Balzac s'était montré l'analyste si pénétrant de la femme qu'il fut considéré par celles-ci à l'égal d'un dieu, et nous ne rappellerons que pour mémoire cette anecdote connue d'une grande dame qui, apprenant subitement la présence de M. de Balzac dans son salon, laissa tomber la tasse de thé qu'elle tenait à la main, tant fut vive la commotion qu'elle ressentit à la nouvelle de cette bonne fortune. Le succès de la *Femme de trente ans*, où Balzac avait mis toute la vie d'une femme, fut immense. « Il y eut un moment, constate M. Armand Baschet dans son *Essai sur Balzac*, où ce fut la mode d'être femme de trente ans. Les très jeunes femmes se plaignirent, se trouvèrent dolentes et incomprises ; elles aspirèrent à perdre la suave fraîcheur de leur âge pour gagner en pâleur et en mélancolie. On s'habilla, on se coiffa à la femme de trente ans. »

Mais, puisque nous faisons la chasse aux pièces curieuses, donnons comme document presque entièrement inconnu certain tableau dressé par l'auteur vers 1835, dans l'une des premières éditions du *Père Goriot*, spirituelle réponse, pleine d'ironie, aux provocations de certaines critiques quotidiennes qui ne donnaient pas alors deux années de succès à l'auteur. Cette pièce est essentiellement relative aux femmes, et sa place est ici :

L'auteur — dit Balzac — ne terminera pas sans publier ici le résultat de l'examen de conscience que ses critiques l'ont forcé de faire relativement au nombre de femmes vertueuses et de femmes criminelles qu'il a émises sur la place littéraire. Dès que son effroi lui a laissé le temps de réfléchir, son premier soin fut de rassembler des corps d'armée, afin de voir si le rapport qui devait se trouver entre ces deux éléments de son monde écrit était exact relativement à la mesure du vice qui entre dans la composition des mœurs actuelles. Il s'est trouvé riche de plus de trente-six femmes vertueuses et pauvre de vingt femmes criminelles tout au plus, qu'il prend la liberté de ranger en bataille de la manière suivante, afin qu'on ne lui conteste pas les résultats immenses que donnent déjà ses peintures commencées. Puis, afin qu'on ne le chicane en aucune manière, il a négligé de compter beaucoup de femmes vertueuses qu'il a mises dans l'ombre, comme elles y sont quelquefois en réalité.

Et voici le tableau dressé par Balzac :

LES FEMMES VERTUEUSES

Études de mœurs.

1-2. — Mme DE FONTAINE et Mme DE KERGAROUET (*le Bal de Sceaux*), tome Ier.

3-4-5. — Mme GUILLAUME, Mme DE SOMMERVIEUX et Mme LEBAS (*Gloire et Malheur*), tome Ier.

6. — GINEVRA DI PIOMBO (*la Vendetta*), tome Ier.

7. — Mme DE SPONDE (*la Fleur des pois*), tome II.

8. — Mme DE SOULANGES (*la Paix du ménage*), tome II.

9-10. — Mme CLAES et Mme DE SOLIS (*la Recherche de l'absolu*), tome III.

11-12-13-14. — Mme GRANDET et EUGÉNIE GRANDET, MANON et Mme DES GRASSINS (*Eugénie Grandet*), tome V.

15-16. — SOPHIE GAMARD, LA BARONNE DE LISTOMÈRE (*les Célibataires*), tome VI.

17-18-19. — Mme DE GRANDFILLE (*la Femme vertueuse*), ADÉLAÏDE DE ROUVILLE et Mme DE ROUVILLE (*la Bourse*), tome IX.

20-21. — JUANA (Mme Diard) (*la Marana*), Mme JULES (*Ferragus*), tome X.

22-23-24. — Mme FIRMIANI, LA MARQUISE DE LISTOMÈRE (*Profil de marquise*), Mme CHABERT (*la Comtesse à deux maris*), tome XII.

25-26. — Mlle TAILLEFER, Mme VAUQUIER (*Douteuse*) (*le Père Goriot*).

27-28. — ÉVELINA et LA FOSSEUSE (*Médecin de campagne*).

29. — FŒDORA (*la Peau de chagrin*), tome IV.

30. — LA COMTESSE DE VANDIÈRE (*Adieu*), tome IV.

31. — Mme DE DEY (*le Réquisitionnaire*), tome V.

32-33. — Mme BIROTTEAU et CÉSARINE BIROTTEAU, tomes VI, X.

34-35. — JEANNE D'HÉROUVILLE et SŒUR MARIE, tomes V, XVII, XVIII et XIX.

36-37. — PAULINE DE VILLENOIX (*Louis Lambert*) et Mme DE ROCHAVE (*Ecce homo*), tomes XXIII et XXIV.

38. — FRANCINE (*les Chouans*).

LES FEMMES CRIMINELLES

Études de mœurs.

1. — La Duchesse de Carigliano (*Gloire et Malheur*), tome Iᵉʳ.

2-3. — Mme D'Aiglemont (même histoire), tome IV.

4-5-6. — Mme de Beauséant (*la Femme abandonnée*), lady Brandon (*la Grenadière*) et Juliette (*le Message*), tome IV.

7. — Mme de Meré (*la Grande Bretèche*), tome VII.

8-9-10. — Mlle de Bellefeuille (*la Femme vertueuse*), Mme de Restaud (*le Papa Gobseck*), Fanny Vermeil (*la Torpille*), tome IX.

11. — La Marana (*les Marana*), tome X.

12. — Ida Gruget (*Ferragus*), tome X.

13. — Mme de Langeais (*Histoire des Treize*), tome XI.

14-15. — Euphémie de San-Réal et Paquita Valdes (*la Fille aux yeux d'or*), tome XII.

16-17. — Mme de Nucingen, Mme Michonneau (*le Père Goriot*).

18-19. — Pauline de Witchnarc, Aquilina (*la

Peau de chagrin et *Melmoth*), tome Ier, IV et XXI.

20. — Mme DE SAINT-VALLIER (*Maître Cornelius*), tome V.

21-22. — Mme DE VERNEUIL et Mme DE GUA (*les Chouans*).

Et Balzac ajoutait en note au bas de ce tableau :

« L'auteur omet à dessein plus de dix femmes vertueuses pour ne pas ennuyer le lecteur ; mais il les nommerait s'il y avait contestation sur le résultat de cette statistique littéraire. »

Ce travail comparatif, dressé en 1835, eût été intéressant à continuer douze ou quinze ans plus tard, par une statistique d'ensemble des femmes vertueuses et criminelles, non plus des *Études de mœurs*, mais de la *Comédie humaine*, où toute l'œuvre de Balzac se trouve fondue.

Un critique écrivait : *la femme appartient à M. de Balzac*, et rien n'est moins contestable. Elle est à lui dans ses atours, dans son négligé, dans les soins de son intérieur ; il l'habille à ravir et, moralement, la déshabille encore mieux. Il la voit en réaliste : nul mieux que lui n'a compris la femme du XIXe siècle, plus complexe peut-être que celle du XVIIIe, car la société, en cessant de la diviniser comme nos pères, en a fait une incomprise dans le bouleversement de nos mœurs positives, qui tendent à s'américaniser chaque jour davantage.

*
* *

Balzac poète.

On a pu dénier à Balzac le sentiment de la poésie, lui retirer la conception et l'art particulier de la forme poétique ; mais on ne pourrait affirmer son impuissance absolue vis-à-vis de la Muse, ni prétendre, comme on ne craint point de le faire, d'après une légende controuvée, que l'auteur de *Séraphita* ait demandé à des amis tels que Mme de Girardin, Lassailly ou Théophile Gautier, *toutes* les versions poétiques qui se trouvent dans son œuvre. Certes, ces derniers ont bien voulu rimer pour le grand prosateur certains sonnets charmants et quelques pièces légères que l'impétueux travailleur n'aurait eu ni la patience ni le loisir de ciseler dans la terrible fièvre de ses larges compositions ; mais il reste acquis que Balzac ne dédaigna pas, à ses débuts, de faire un peu l'école buissonnière, en nourrisson des Muses, dans les petits sentiers du Parnasse. Si toutes les pièces qui figurent dans son œuvre romancière ne sont pas toutes de sa main, tout au moins pouvons-nous prouver qu'il n'était pas incapable d'en avoir fait la majeure partie.

Nous avons parlé de la tragédie de *Cromwell*, que Balzac, qui s'intitulait alors *Sophocle jeune*, perpétra dans la mansarde du Marais, et dont il ne nous reste qu'un plan détaillé publié dans *la Correspondance*. A cette époque, Honoré était vivement préoccupé de poésie ; il rêvait de grands poèmes dans le genre badin et léger de la fin du xviiie siècle, il jalousait Parny et Malfilâtre, et il passait son temps à rimer dans l'étude de Me Guyonnet de Merville, qui avait eu l'honneur d'avoir pour clercs deux physionomies bien tranchées : Honoré de Balzac et M. Scribe.

Dans la *Gazette de Champfleury* du 1er novembre 1856 (cette *Gazette* n'eut que deux numéros), nous trouvons deux curieux débuts de poèmes, copiés sur les manuscrits mêmes de Balzac par le conteur des *Sensations de Josquin*. L'un est intitulé *le Livre de Job*, l'autre *les Merveilleuses aventures de Robert le Diable*. Il est bon de citer les premières strophes de celui-là :

Livre de Job.

I

En la terre de Hus vivait un très saint homme,
De la diphtongue Job l'Écriture le nomme.
Il s'écartait du mal par crainte du Seigneur
Et n'allait point au vice, étant simple de cœur.

II

Partant, il eut bientôt une grande famille.
Trois fois Mme Job accoucha d'une fille ;
Mais Job, y prenant garde, eut après sept garçons.

III

Trois fois mille chameaux et sept mille moutons
Passaient avec des bœufs, dont le millier indique
Que Job avait encore un nombreux domestique,
Dont par deux mots la Bible évite le détail.
Donnant comme toujours préséance au bétail,
Veuves de leurs époux, plus de cinq cents ânesses
Par leur lait pectoral augmentaient ses richesses
Ou le rendaient dispos, pour peu qu'il en eût bu.

. . . .

Ne poursuivons pas davantage. Cette poésie peu biblique ne comprend que six strophes. Balzac s'abandonna, tenté par les exploits de Robert le Diable, dont il esquissa deux chants, et qui débute ainsi :

Aux temps que l'on vivait dans une foi profonde,
En pleine Normandie, un enfant vint au monde ;
Rouen fut son berceau, Robert était son nom ;
Mais comme les Normands l'appelèrent le Diable,
Si faut-il avant tout en dire la raison :
Ce nom-là, mes enfants, était épouvantable !
Alors, en la contrée, un prince très affable

> Régnait avec honneur et craignant Dieu beaucoup,
> Rendant justice à tous, aimant la chasse au loup.
> Et de ce grand Hubert les anciennes chroniques
> Ont si bien célébré les vertus catholiques
> Qu'un poème aujourd'hui ne dirait rien du tout,
> Quand même on le ferait de stances romantiques.

On sent dans ces vers humoristiques que de Balzac avait de la lecture, une certaine facilité, et qu'il était imbu des influences littéraires de son époque de Renaissance, qui revêtait le moyen âge d'une verve brillante et burlesque, à la même mode dont Scarron affubla l'antiquité. Mais il existe d'autres productions poétiques du jeune débutant; dans *les Annales romantiques* ou *Recueil de morceaux choisis de littérature contemporaine,* publiés par Urbain Canel (série 1827-1828), nous voyons que de Balzac a tenu à se mettre sur les rangs des poètes du jour et à rivaliser avec les deux Deschamps, Mme Tastu et Desbordes-Valmore.

*
**

Tous les écrivains de notre littérature ont rendu à Balzac hommage à son génie, les plus grands maîtres ont été les plus dithyrambiques et à compulser les journaux de 1840 à nos jours, on récolterait sur ce qui a été dit sur Balzac plusieurs volumineux recueils qui seraient la consécration de cette figure chaque jour plus grande à nos yeux. — Le petit article suivant de

Charles Baudelaire intitulé *Comment on paye ses dettes quand on a du génie* n'a été retrouvé qu'après la publication de ses œuvres, où il ne figure pas ; il est extrait de *l'Écho des théâtres*, du 25 août 1846. Il ne faut prendre cet articulet que comme une boutade de cet esprit inquiet, qui passait sans transition du grave au plaisant, du dantesque au burlesque, de la logique au paradoxe. Baudelaire professait pour Balzac une admiration qui touchait au culte ; son opinion sur le grand romancier du siècle se résumait ainsi : « Balzac a fait du roman de mœurs, de ce *genre roturier*, une chose admirable, toujours curieuse et souvent sublime parce qu'il y a jeté tout son être. Bref, chacun chez Balzac, même les portières, a du génie ; toutes les âmes sont chargées de volonté jusqu'à la gueule. C'est bien Balzac lui-même. »

A ces observations remarquables, Baudelaire, homme de contraste, devait joindre ce curieux article que voici :

L'anecdote suivante m'a été contée avec prière de n'en parler à personne ; c'est pour cela que je veux la raconter à tout le monde.

..... Il était triste, à en juger par ses sourcils froncés, sa large bouche moins distendue et moins lippe qu'à l'ordinaire, et la manière entrecoupée de brusques pauses dont il arpentait le double passage de l'Opéra. Il était triste.

C'était bien lui la plus forte tête commerciale et

littéraire du xix⁰ siècle ; lui, le cerveau poétique tapissée de chiffres comme le cabinet d'un financier. C'était bien lui l'homme aux faillites mythologiques aux entreprises hyperboliques et fantasmagoriques dont il oublie toujours d'allumer la lanterne ; le grand pourchasseur de rêves, sans cesse à la *recherche de l'absolu* ; lui le personnage le plus cocasse, le plus intéressant et le plus vaniteux des personnages de la *Comédie humaine* ; lui, cet original aussi insupportable dans la vie que délicieux dans ses écrits, ce gros enfant bouffi de génie et de vanité, qui a tant de qualités et de travers que l'on hésite à retrancher les uns de peur de perdre les autres, et de gâter ainsi cette incorrigible et fatale monstruosité !

Qu'avait-il donc à être si noir, le grand homme ! pour marcher ainsi le menton sur la bedaine, et contraindre son front plissé à se faire *Peau de chagrin* ?

L'illustre auteur de la théorie de la lettre de change avait le lendemain un billet de douze cents francs à payer, et la soirée était fort avancée.

En ces sortes de cas, il arrive parfois que pressé, accablé, pétri, écrasé sous le piston de la nécessité, l'esprit s'élance subitement hors de la prison par un effort inattendu et victorieux.

C'est ce qui arriva probablement au grand romancier, car un sourire succéda sur sa bouche à la contraction qui en affligeait les lignes orgueilleuses ; son œil se redressa et notre homme, calme et rassis, s'achemina vers la rue Richelieu d'un pas sublime et cadencé.

Il monta dans une maison, où un commerçant riche (Curmer), et prospérant alors, se délassait des travaux de la journée au coin du feu et du thé ; il fut reçu avec tous les honneurs dus à son nom, et au bout de quelques minutes il exposa en ces mots l'objet de la visite.

« Voulez-vous avoir après-demain, dans *le Siècle* et *les Débats*, deux grands articles-variétés sur *les Français peints par eux-mêmes*, deux grands articles de moi et signés de mon nom ? Il me faut quinze cents francs. C'est pour vous une affaire d'or. »

Il paraît que l'éditeur, différent en cela de ses confrères, trouva le raisonnement raisonnable, car le marché fut conclu immédiatement. Celui-ci, se ravisant, insista pour que les quinze cents francs fussent livrés sur l'apparition du premier article ; puis il retourna paisiblement vers le passage de l'Opéra.

Au bout de quelques minutes, il avisa un petit jeune homme à la physionomie hargneuse et spirituelle, qui lui avait fait naguère une ébouriffante préface pour *la Grandeur et décadence de César Birotteau* (celle que l'on a lue plus haut), et qui était déjà connu dans le journalisme par sa verve bouffonne et quasi impie (Édouard Ourliac) ; le piétisme ne lui avait pas encore rogné les griffes, et les feuilles bigotes ouvert leurs bienheureux éteignoirs.

« Édouard, voulez-vous avoir demain cent cinquante francs ? — Fichtre ! — Eh bien ! venez prendre du café. »

Le jeune homme but une tasse de café, dont sa petite organisation méridionale fut tout d'abord enfiévrée.

« Édouard, il me faut demain matin trois grandes colonnes *Variétés* sur *les Français peints par eux-mêmes*, ce matin, entendez-vous, et de grand matin, car l'article entier doit être recopié de ma main et signé de mon nom ; cela est plus important. »

Le grand homme prononça ces mots avec cette emphase admirable, et ce ton superbe, dont il dit parfois à un ami qu'il ne veut pas recevoir : « Mille pardons, mon cher, de vous laisser à la porte ; je suis en tête-à-tête avec une princesse, dont l'honneur est à ma disposition, et vous comprenez... »

Édouard lui donna une poignée de main comme un bienfaiteur et courut à la besogne.

Le grand romancier commanda son second article rue de Navarin.

Le premier article parut le surlendemain dans *le Siècle*. (Numéro du 2 septembre 1839.) Chose bizarre, il n'était signé ni du petit homme ni du grand homme, mais d'un troisième nom bien connu dans la bohème d'alors pour ses amours de matous et d'opéra-comique. (Gérard de Nerval.)

Le second aîné était et est encore gros et lymphatique (Théophile Gautier) : de plus, il n'a pas d'idées, et ne sait qu'enfiler et perler des mots en manière de colliers d'Osages, et comme il est beaucoup plus long de tasser trois grandes colonnes de mots que de faire un volume d'idées, son article ne parut que quelques jours plus tard. Il ne fut pas inséré dans *les Débats*, mais dans *la Presse*. (Numéro du 11 septembre 1839.)

Le billet de 1,200 francs était payé ; chacun était parfaitement satisfait, excepté l'éditeur qui l'était presque. Et c'est ainsi qu'on paye ses dettes... quand on a du génie.

Si quelque malin s'avisait de prendre ceci pour une *blague* du petit journal et un attentat à la gloire du plus grand homme de notre siècle, il se tromperait honteusement ; j'ai voulu montrer que le grand poète savait dénouer une lettre de change aussi facilement que le roman le plus mystérieux et le plus intrigué.

⁂

La question des papiers de Balzac gaspillés, détruits et dispersés en juin 1882, quelques jours après la mort de Mme de Balzac, sera encore longtemps à nos yeux terriblement embrouillée, et nous ne connaîtrons jamais, hélas! la valeur et l'importance exacte de ces manuscrits divers qui eurent un sort si inexplicable.

On se souvient qu'après le décès de la veuve de l'illustre romancier, les créanciers-vautours s'abattirent sur ce fameux hôtel construit par Balzac et qui fut acquis au prix de 500,000 francs par la baronne Salomon de Rothschild.

Le bruit courut que l'hôtel avait été mis au pillage par les féroces liquidateurs et chirographaires et que les correspondances et œuvres littéraires du romancier défunt avaient été jetées à terre, piétinées et en partie brûlées. — Cette nouvelle produisit une grande indignation bien justifiée dans le monde des lettres; les reporters se mirent en campagne et ce fut matière à copie aux quatre coins de la presse.

Dans le *Figaro* du 20 juin 1882, le pauvre Jehan Valter, mort depuis à l'asile de Charenton, résumait à peu près ainsi la question :

« L'hôtel qu'habitait Mme de Balzac est situé sur l'emplacement des anciens terrains de la Folie-Beaujon. Du dehors, il a l'aspect d'une ruine inhabitée; le mur de la rue lézardé, pourri, s'émiette en poussière grise sur un trottoir non bitumé, et la porte en bois vermoulu, recouverte d'affiches de toutes couleurs, a l'air de ne s'ouvrir jamais. Le peu que l'on aperçoit de l'habitation, que cachent presque complètement ce mur et cette porte, n'est pas fait pour modifier sensiblement l'impression qu'en donne l'extérieur. On dirait bien plutôt un hangar qu'un hôtel, et sans la silhouette bizarre d'une coupole qui se détache sur l'ensemble des constructions et les domine, on croirait avoir devant soi quelque atelier, quelque fabrique dont les ouvriers se sont mis en grève et ne travaillent plus.

« Même du vivant de Mme de Balzac, qui habitait là avec son gendre et sa fille, le comte et la comtesse de Mniszeck, le silence le plus absolu régnait partout. A peine recevait-on, de temps en temps, quelques intimes : Mme Jules Lacroix, sœur de Mme de Balzac, et son mari, M. Jules Lacroix; M. Paul Lacroix, M. Gigoux, le peintre; M. Marquiset, député; le sculpteur Juste Bequet. La maison était hermétiquement close pour le reste du monde.

« Ce que l'on savait, c'est qu'il y avait là des merveilles artistiques entassées sans ordre : tableaux, statues, meubles, bijoux, livres, manuscrits, collections de toute sorte. A la fortune de Mme de Balzac, évaluée à plus de trois cent mille francs de rente, sans compter la propriété du château de Beauregard, on ajoutait la fortune au moins égale du comte Mniszeck, et on se demandait tout naturellement quelles puissantes raisons pouvaient avoir, pour vivre ainsi, des gens dont le revenu dépassait six cent mille francs.

« Il est vrai que Mme de Balzac s'était d'elle-même condamnée à la retraite depuis la mort de son mari ; quant à la comtesse Mniszeck, on racontait qu'elle enrichissait chaque jour de trésors nouveaux les innombrables trésors d'art déjà enfouis dans l'hôtel. De plus, elle faisait construire à l'angle du faubourg Saint-Honoré et des rues Balzac et Berryer un palais merveilleux, destiné à englober un jour le pauvre vieil hôtel délabré, et dont le plan dressé par M. Eugène Monnier, l'éminent architecte, donnait à l'hôtel définitif une large façade de trente mètres. Les splendeurs de la partie actuellement construite laissent deviner ce qu'eût été le palais entièrement terminé.

« Lorsqu'il y a trois ans, le comte Mniszeck fut atteint de la paralysie à laquelle il a succombé, c'est dans la chambre à coucher attenant à cette coupole qu'il vint habiter. Ne pouvant plus ni marcher ni remuer, il passait toutes ses journées assis dans un grand fauteuil, et, le soir, les domestiques le portaient dans son lit.

L'année suivante, ce fut le tour de Mme de Balzac à tomber gravement malade et, depuis lors, la belle-mère et le gendre étaient restés enfermés dans l'hôtel qui lui-même, à quelques exceptions près, se ferma bientôt à tout visiteur.

« Le comte Mniszeck avait été un grand collectionneur. Un des premiers, il avait eu le goût des meubles et des bibelots chinois et japonais, et il possédait des pièces uniques venant de ces deux pays. Très instruit, très épris de science, il était parvenu à réunir la plus belle et la plus complète collection d'insectes qui existe. Elle comprenait, notamment, d'innombrables insectes absolument inconnus dans nos climats et rapportés de Java, au commencement de ce siècle, par des explorateurs. Un conservateur particulier était attaché à son entretien et à sa garde.

« Sans la maladie du comte Mniszeck et son impuissance à s'occuper de ses affaires, il est assez probable que les choses auraient continué à suivre leur cours régulier, aussi bien dans l'hôtel que dans la famille Balzac. Du jour où la gestion de la fortune se trouva abandonnée à deux femmes — dont l'une souffrante et alitée — un changement notable se produisit.

« Malgré les conséquences graves de ce qui se passa alors, il ne me convient pas d'employer ici d'autre mot que celui d'imprévoyance. Certes, le mot pourra paraître bien faible ou bien insuffisant pour expliquer l'inexplicable effondrement d'une grande fortune; mais, même en admettant que d'autres causes soient venues s'y ajouter par la suite, elles n'expliquent pas davantage, à mon sens, le mystère de la rapidité de cette ruine.

« Il est prouvé que Mme la comtesse Mniszeck achetait un peu à tort et à travers. Un tableau, un meuble, un bijou lui faisait envie, elle en payait comptant le quart de la valeur et se le faisait envoyer chez elle, quitte à le vendre plus tard avec perte pour pouvoir se passer la fantaisie d'une nouvelle acquisition. Entre autres excentricités, elle conservait pieusement, comme échantillons de modes différentes, cent robes superbes sortant de chez Worth...

« On se souvient de ses démêlés avec la maison Goupil, relativement à l'achat de plus d'un million de tableaux, que le vendeur dut finir par reprendre après avoir vainement essayé d'en obtenir le payement. Dans toutes les affaires, Mme Mniszeck agissait de même. Après avoir englouti dans la construction de son hôtel des sommes énormes en fantaisies luxueuses, elle s'aperçut un matin qu'elle ne pouvait payer ni l'architecte, ni l'entrepreneur, ni les ouvriers, et les travaux en restèrent là.

« Tant que vécut le comte Mniszeck, la gêne ne se traduisit heureusement que par des réclamations de créanciers, réclamations qu'on apaisait tant bien que mal et qu'il ignora, sans aucun doute, jusqu'à ses derniers moments.

« Mais après sa mort, l'orage éclata terrible. Poussés, à ce que l'on raconte, par un huissier de province, proche parent de la famille, les créanciers se refusèrent nettement à patienter davantage. Les assignations succédèrent aux assignations, les procès aux procès. Il y eut jugements, condamnations, saisies, et, à deux reprises successives, une vente générale faillit avoir lieu.

« Pendant ce temps, Mme de Balzac était mourante. Devant une nouvelle menace de vente, on obtint, non sans peine, grâce à l'intervention de quelques amis, un nouveau délai d'un mois — le temps de la laisser mourir tranquille. — Elle mourut quatre jours avant l'expiration de ce délai.

« Ce qui se passa une fois l'enterrement terminé est navrant.

« Quand les huissiers étaient venus saisir, ils avaient respecté la chambre à coucher de Mme de Balzac, et le petit salon qui lui fait suite. Mais la veille du jour fixé pour la vente, quand les déménageurs vinrent enlever les objets saisis pour les transporter à l'hôtel Drouot, ils crurent devoir s'emparer de tout ce qui leur tomba sous la main. L'hôtel n'étant plus gardé que par un domestique, ils pénétrèrent dans la chambre à coucher et dans le petit salon, ouvrant les meubles et éventrant cinq ou six grandes caisses qui leur paraissaient devoir contenir des objets de valeur.

« L'une de ces caisses renfermait une multitude

d'écrins... vides, les autres ne contenaient que des papiers. On chargea deux de ces caisses sur les voitures, et on vida les autres sur le parquet.

« Un riche collectionneur belge très connu, M. de Spoelberch, qui entrait à ce moment dans l'hôtel tout grand ouvert, essaya inutilement de s'opposer à l'enlèvement des deux caisses de papiers, qui n'avaient pas été saisies et qu'on n'avait nul droit de vendre. Il réussit cependant, une fois arrivé à l'hôtel Drouot, à obtenir que ces caisses seraient mises de côté et renvoyées le lendemain. Elles furent renvoyées en effet, mais aux trois quarts vides.

« Le reste du mobilier, bibliothèque, objets d'art, fut vendu on sait dans quelles conditions désastreuses. La précipitation que l'on mit à en finir maintint le tout dans des prix dérisoires. La fameuse bibliothèque incrustée d'écaille et de cuivre en style de Boule, notamment, qui avait coûté autrefois quinze mille francs à Balzac, atteignit à peine cinq cents francs.

« Ce n'est pas tout. A peine les huissiers et les déménageurs avaient-ils quitté l'hôtel Balzac, que les voisins curieux s'y introduisaient à leur tour, parcourant les pièces vides, et ne s'arrêtant que devant l'énorme monticule de papiers du petit salon. Faute d'une autre proie, ils s'abattent sur celle-ci, remuant, fouillant, triant, chacun prenant et emportant ce qui lui plaisait.

« Les amis de la famille ne connurent que le lendemain cette *visite indiscrète*. Quelques-uns coururent en hâte à l'hôtel, espérant sauver le reste des papiers; mais, dans l'intervalle, le domestique avait fait demander à Mme Mniszeck ce qu'il fallait en faire et Mme Mniszeck se serait bornée à répondre :

« — Brûlez-les !

« Et le domestique obéissant les avait brûlés.

« On interrogea alors les voisins qui ne se refusèrent pas naturellemet à *restituer contre argent* les papiers qu'ils n'avaient eu que la peine de prendre, et on parvint de la sorte à rentrer en possession d'un certain nombre de lettres curieuses et de manuscrits intéressants. »

Mais combien d'autres sont irrévocablement perdues!

***

« Maintenant, que peuvent bien être ces papiers brûlés? Évidemment des lettres pour la plupart, mais peut-être s'y trouvait-il aussi quelques-uns des nombreux romans inachevés de Balzac et des scénarios de pièces en préparation. Balzac avait une manière toute spéciale de travailler. Quand une idée de pièce ou de roman lui venait à l'esprit, il commençait à en poser sur le papier le plan général, puis il écrivait les deux ou trois premières scènes, ou les deux ou trois premiers chapitres et il laissait ensuite reposer l'œuvre nouvelle pour se remettre à une autre plus ancienne.

« Les titres de quelques-uns de ces romans inachevés sont connus : deux d'entre eux, *Sœur Marie des Anges* et les *Héritiers Boirouge,* ont, je le crois, échappé à la destruction générale. On m'assure qu'ils ont été rachetés par le riche collectionneur belge dont je parlais tout à l'heure à un petit boutiquier du voisinage.

« Quant à la correspondance, qui se trouve malheureusement détruite en grande partie, la question intéressante est de savoir s'il s'agit uniquement de lettres privées, ou bien de la fameuse correspondance dite « historique » achetée par Michel Lévy pour être publiée à la suite des œuvres complètes de Balzac.

« Cette dernière correspondance comprend, on le sait, les lettres que, pendant plusieurs années, Balzac adressa toutes les semaines à Mme Hanska, devenue plus tard Mme de Balzac, lettres volumineuses, car Balzac lui écrivait régulièrement tous les jours et lui envoyait en bloc, le samedi, toute sa correspondance de la semaine. L'intérêt qui s'attache à ces lettres vient de ce qu'elles touchent en toute liberté aux événements et aux hommes de l'époque où elles ont été écrites. Balzac y donne franchement son opinion sur les uns et sur les autres, et les fragments que l'on connaît ont toujours fait désirer d'avoir sous les yeux la correspondance tout entière.

« C'est deux années environ avant la guerre que Michel Lévy traita avec Mme de Balzac pour l'achat de cette correspondance, moyennant la somme de cent mille francs ; mais il fut convenu qu'elle ne serait publiée que plus tard et que Mme de Balzac en conserverait la garde jusque-là.

« La guerre terminée, Michel Lévy revint à la charge, insistant sur ce que, le moment n'étant pas aux choses frivoles, il lui paraissait bon pour lancer une correspondance à la fois sérieuse et littéraire. Mme de Balzac l'arrêta dès les premiers mots :

— Je ne demanderais pas mieux, répondit-elle ; malheureusement, croyant mettre ces lettres à l'abri, je les avais envoyées au château de Beauregard, et le château a été pillé et brûlé par les Prussiens.

— Alors, les lettres...

— Volées ou brûlées ; ce que je sais, c'est qu'elles ont disparu...

« Mme de Balzac était-elle sincère, en parlant ainsi ? Il est permis d'en douter. Sa volonté avait toujours été de ne laisser publier ces lettres qu'après sa mort, à cause de la polémique que ne manqueraient pas de soulever certains jugements un peu sévères sur certains hommes. On est donc en droit de supposer qu'elle se servit là du premier prétexte qui lui vint à l'esprit pour retarder encore la publication d'une correspondance qui n'aurait nullement été brûlée pendant la guerre, et qui, selon toute probabilité, ne fait pas non plus partie des papiers brûlés dernièrement dans le petit salon de l'hôtel. »

Divers indices indiqueraient, au contraire, que cette correspondance existe toujours et qu'elle a été confiée autrefois par Mme de Balzac à un ami.

*
* *

Le roman réel de Balzac, on le voit, aura été aussi dramatique, aussi inouï, aussi compliqué que la plus lamentable fiction de sa propre comédie humaine. Le créancier, cet ennemi de sa vie furieusement laborieuse, aura poursuivi jusques à sa mémoire et à ses héritiers. — Le malheur ne désarme pas et, aujourd'hui encore, en passant devant l'hôtel de Balzac, triste, abandonné, mangé et verdi par l'humidité, on sent tout le poids de la fatalité inexorable qui s'abattit despotiquement sur notre pauvre Napoléon littéraire, ne laissant presque rien de ce qu'il avait amassé, dégageant pour ainsi dire la perspective de l'immense colonne de bronze de son œuvre qui, elle, défiera le destin.

Nous ne saurons guère jamais l'histoire véridique des papiers et documents de l'hôtel de Balzac! — Il faut faire notre deuil de toute vérité à ce sujet.

⁎⁎⁎

Il vient de paraître, sur Honoré de Balzac, plusieurs publications intéressantes à divers titres; en premier lieu, une forte brochure qui servira de document aux temps futurs, et qui est publiée sous ce titre à la librairie de l'Art : *A Balzac, la Ville de Tours.* Cet opuscule, petit in-4°, est relatif à la souscription nationale ouverte par la municipalité de Tours, en vue d'offrir en sa ville natale une statue à Honoré de Balzac, petit-fils de Rabelais.

On trouve, dans cet ouvrage, la délibération municipale concernant l'érection de la statue, les listes du comité de patronage et du comité d'initiative et d'exécution, l'acte de naissance de Balzac en fac-similé et copie de son acte de décès, des pièces de corrections typographiques et enfin un portrait inédit d'après Louis Boulanger, dont l'original appartient au baron Larrey. Comme préface à la première statue érigée à Balzac, cet ouvrage sera précieux à conserver.

Tout autre est la remarquable publication de MM. Anatole Cerfbeer et Jules Christophe, *Répertoire de la Comédie humaine de H. de Balzac* (in-8°), qui prouve que, selon son programme, le maître romancier était arrivé à faire concurrence à l'état civil. Ce répertoire, c'est l'évocation de tout un monde, une *Biographie Michaud* extraordinaire de héros enfantés par le puissant génie de Balzac. A lire ce gros volume, on arrive à diviniser le dieu créateur de cette population de géants qui, tous, ont leur existence propre et se meuvent dans une fiction plus troublante que la vie elle-même. Ce dictionnaire des personnages de Balzac est un index indispensable de son œuvre grandiose; il apparaît comme ces silhouettes au trait qui résument les divers types d'un tableau d'ensemble, et ce travail de deux zélés balzaciens vaut assurément mieux qu'une statue de bronze, car il place Balzac sur le piédestal en pudding de son monument impérissable; il en montre les solides assises qui confondent presque notre entendement humain. — Je ne suis pas sûr qu'une pareille étude, faite sur les écrits de Victor Hugo, puisse donner des lignes de caractères aussi superbement variées et mieux ordonnées dans l'ordre général de la conception. Enfin, un autre monument élevé à Balzac, chapelle exquise pour l'adoration perpétuelle des Balzacolâtres, c'est bien cette *Histoire des Œuvres de Honoré de Balzac,* faite par le vicomte de Spoelberch de Lovenjoul, dont la seconde édition, revue et augmentée d'un appendice, a été mise en vente tout récemment encore.

On trouve ici la bibliographie complète des

œuvres du grand Tourangeau, depuis l'ouvrage en volume jusqu'à la moindre ligne de Balzac publiée dans la presse courante sous tel ou tel pseudonyme. Cette monographie est, à vrai dire, prodigieuse d'exactitude et suffira à illustrer à jamais le nom de son auteur qui, en ce moment, consacre à Théophile Gautier une étude analogue en attendant qu'il entreprenne l'*Histoire des Œuvres de George Sand*. — Il a fallu à M. de Lovenjoul une foi ardente et une opiniâtreté extrême pour ne pas se perdre à jamais dans le dédale où il s'était engagé; mais cette publication qui semblait réclamer toute une vie, grâce à son amour de lettré et à ses moyens de grand seigneur, il est parvenu à la dresser en moins de dix années et à la tenir à jour pour des éditions postérieures s'il y a lieu.

Ces ouvrages sont, à vrai dire, sans crainte de le répéter, plus glorieux et autrement utiles à ceux qui en font l'objet que toutes les figures de bronze campées sur les places publiques, et dont la vanité des comités et la niaiserie de la politique seules savent tirer profit. Balzac est de la taille des Gargantua; tous les chercheurs peuvent dresser leurs échelles sur sa prodigieuse personne et déchiffrer les mappemondes de son crâne, il est assez grand pour supporter tous les analystes et les érudits, et bien des parties de son être nous sont encore inconnues. Sa gloire ne dépend que des lettres. Il est malheureusement à craindre que les langues dorées de la politique ne s'emparent de lui du jour où l'on mettra au vent sa forme démocratisée par le marbre ou le bronze, et, ce jour-là, beaucoup d'entre nous sentiront comme une profanation dont ils auront à souffrir, comme des dévots qui voient leur temple vilainement hanté par la racaille et les mécréants. Il est juste d'ajouter que les hommes publics d'aujourd'hui auront peine à faire de Balzac un apôtre des idées modernes. Je recommande aux crêtes rouges des partis cette confession du maître : « J'écris, a-t-il dit quelque part, à la lueur de deux vérités éternelles, la religion et la monarchie, deux nécessités vers lesquelles tout écrivain de bon sens doit essayer de ramener notre malheureux pays. »

Ce ne sera certes point la religion et moins encore la monarchie qui présideront à l'inauguration de Balzac !

LES BIBLIOPHILES

COLLECTIONNEURS

LES
BIBLIOPHILES
COLLECTIONNEURS

Le Bibliophile et la Collection. — *La cristallisation du goût chez le Bibliophile bibelotier.* — *Les livres et les objets d'art.* — *Une Histoire des Bibliophiles Collectionneurs : l'ex-libris archimédien de Poulet-Malassis.* — *Les Racontars illustrés d'un vieux collectionneur.* — *Le Toqué* Charles Cousin. — *Le Grenier du Toqué.* — *Physiologie du Toqué.* — *Dernières vicissitudes des Mœurs du temps de La Popelinière.* — *Le luxe des Racontars.* — *La chromotypographie de la maison Danel, de Lille.* — *Un type de vieux graveur :* Cattelain. — *Le crâne de l'Architoqué.*

LE collectionneur n'est pas en général très porté vers la bibliophilie, mais il est assez rare qu'un bibliophile affiné et très au fait des choses du passé ne soit pas quelque peu bibelotier et accumulateur de pièces curieuses et de bonne marque.

Le collectionneur se spécialise ; tel *fait* le

meuble, la céramique, les étains ou les médailles, alors que tel autre s'adonne aux grès, aux étoffes, aux gravures ou aux bronzes. L'un se jette dans le vieil argent, l'autre dans les ivoires, celui-ci ne recherche que les éventails, celui-là ne voit que les armures ; chacun demeure cantonné dans sa province, exclusivement absorbé dans une passion à œillères. — Le bibliophile, au contraire, montre des tendances plus volages ; ses connaissances, chaque jour plus nombreuses et mieux assises, lui créent un tact spécial, un flair délicat ; son jugement s'éclaire d'une seconde vue pour tout ce qui touche à l'art rétrospectif et sa monomanie bouquinière, au début limitée, le conduit très insensiblement, mais assez logiquement à la polymanie des choses rares et précieuses. C'est que l'amour du livre est complexe et qu'il touche à la fois à l'art bibliopégique, à l'iconophilie et à l'autographie et à toutes les manières de reproductions de l'idéologie. — Un bibliophile digne de ce nom connaîtra l'armorial de France aussi bien qu'un fils de preux ; il possédera l'esprit des devises, la notion des emblèmes et par là même les origines et les provenances de toute production d'art marquée de la plus mince effigie de ses possesseurs ; le bouquin le mènera à tout par suite d'une sorte d'omniscience heureuse, acquise jour par jour dans la fréquentation des grands esprits de l'humanité, et aussi par le maniement des livres historiquement historiés, par la lecture des catalogues, par la figure gravée, par l'*ex libris* et principalement, avant tout, par une curiosité insatiable qui ne paraît s'égarer dans la généralité que pour mieux se concentrer par la déduction ; toutes les œuvres d'art ayant entre elles les plus grandes corrélations.

⁂

Rien n'est plus intéressant à étudier que la cristallisation singulière qui s'opère dans le cerveau d'un amoureux du livre ; l'observation du transformisme des hyménoptères n'est pas plus étrange : le bibliophile se chrysalide dans sa bibliothèque et se révèle papillon dans la recherche du bric-à-brac ; on le croit ermite dans son cocon maroquiné, il se révèle *ailé* tout à coup dans l'ardeur de sa chasse au bibelot. — D'abord fidèle au livre janséniste, il s'est laissé séduire insensiblement par la fanfare des dorures et le damasquinage des petits fers ; peu à peu il est devenu sensible aux *ex libris* et aux *ex dono*, puis l'estampe de premier tirage lui a inoculé son virus terrible : l'illustromanie l'a gagné. Il a voulu des livres uniques enrichis de dessins originaux, de lettres autographes, d'épreuves avec remarques ; si bien que, sous une reliure de choix, le livre est devenu chez lui un objet d'art, une pièce rare plutôt faite pour la vitrine que pour le rayon de la bibliothèque. — Ce bijou bibliographique, ce bibelot de la folie interfoliée a réclamé jalousement un cadre, un milieu de couleurs et de contrastes artistiques ; solitaire dans sa niche vitrée, il a appelé près de lui en compagnonnage le missel à chasuble d'argent, le drageoir et la miniature ; il a exigé qu'on le couchât sur une vieille étoffe aux tons mourants et aux fleurs délicieusement animées, il a eu des exigences de petite-maîtresse et a fait naître dans l'esprit de son possesseur cette collectionomanie furieuse dont celui-ci deviendra à l'avenir l'inassouvie victime.

Le livre et l'objet d'art sont faits pour compagnonner de concert ; jamais ils ne hurlent de se trouver ensemble ; qu'ils soient ou non concitoyens ou contemporains, ils s'accordent à merveille en d'exquises natures mortes : ce vieux maroquin à écusson royal ne ressort-il pas finement près de ce bougeoir de cuivre flamand, et ce veau porphyre ne semble-t-il point mirer ses marbrures dans l'éclat de ces verreries de Murano ou le brillant de ces faïences de Delft ? — Ce joli Cazin à justaucorps pâle, aux tranches dorées, ne paraît-il pas épouser l'esthétique de cette tabatière guillochée et comprendre l'abandon de cet éventail aux fines gouaches à la Watteau ? — Ce gros Richelet pansu et nourri d'épithètes de gras ragoût jure-t-il de s'appuyer mi-ouvert contre ce bahut Renaissance où des Vénus *jean-goujoniennes* étalent en bas-reliefs les hauts reliefs de leurs appas rigides ? — Sur ces tapis de mosquée, sur ces coussins orientaux, parmi ces bronzes, ces laques, ces terres cuites, ces tapisseries à verdures, les livres honnêtement vêtus ont-ils jamais apporté une note discordante ? — Ils aiment le luxe et le relèvent, ils meublent mieux que tout, car ils enferment mystérieusement la sagesse ou la folie; ce sont de jolis flacons qui contiennent les réconfortants ou les toxiques de notre esprit lassé et assombri.

Les livres hors d'un décor d'art et de goût offrent un aspect froid, terrible et presque inquisitorial; ils rappellent les cabinets des reviseurs, les études d'avoués ou de notaires, les salles universitaires ; il nous les faut aimables à l'œil, dans la chaleur d'un nid vivant et moelleux, éloignés de la pédanterie ou de la philosophie monastique; nous aimons à les contempler rieurs et humains, alignés côte à côte comme de beaux régiments d'élite, soutachés, passementés de dorures, irradiés de tonalités diverses, provocants comme des houzards de la pensée, avec la gaieté du titre flambant comme le plumet d'un schapska. — Ils doivent être présents devant nous, en belle lumière, entourés de choses fines, délicates et gracieuses, fixes dans le rang, entre des colonnettes sveltes et bien ouvrées ; sur la corniche qui les domine, il nous plaît de lire leur apothéose sous la forme de bustes, de statuettes et de figurines antiques, alternées de poteries et de faïences qui arrêtent le jour sur l'émail de leurs ventres décorés de fantaisies polychromes. Le soir, aux feux de la lampe anglaise ou du lustre hollandais, nos chers amis nous retournent le soleil de leurs dorures du fond clair-obscur de leurs rayons, et nous les chérissons davantage, car ils semblent, eux aussi, nous contempler à la tâche, nous encourager de leur esprit de corps et nous inviter à élever une œuvre à laquelle ils feront place en se serrant un peu. — L'entourage donne aux livres plus d'expression ; l'art dans toutes ses manifestations leur prête un je ne sais quoi de plus accueillant, de plus réjoui, de plus intime ; les vieilles étoffes, les gobelins, les cuirs fauves et mordorés d'Italie et d'Espagne, les velours de Gênes, les bois sculptés les mettent en valeur et leur ôtent cette austérité, cette rectitude de lignes, cette froideur qu'on voit aux bibliothèques de tant de bibliophiles sur l'esprit desquels le goût et l'entente de l'arrangement du *home* ne sauraient aucunement avoir prise.

*
* *

L'Histoire des Bibliophiles Collectionneurs n'a jamais été entreprise ; Félibien ne l'a qu'indiquée et M. Feuillet de Conches, dans ses *Causeries d'un curieux,* a pointé seulement quelques notes dans ses jolis bavardages *ab hoc et ab hac.* Dans l'inventaire des richesses d'art de la France on retrouverait souvent leurs noms — depuis ceux de La Croix du Maine, de Guillaume Colletet, de Colbert, de Mazarin, de l'abbé de Marolles jusqu'à ceux du duc de La Vallière, de Crozat, de la comtesse de Verrue, du président de Brosses, du comte de Caylus, de Gaignières, de Laborde, de La Popelinière, des frères Lacurne de Sainte-Palaye, de Séroux d'Agincourt, de Mme de Pompadour et de Vivant-Denon. — La nomenclature de ces grands icono-bibliophiles serait amusante à poursuivre jusqu'au duc d'Aumale, au baron Pichon, aux frères de Goncourt, au duc de Sutherland et à lord Ashburton. — On verrait dans cette histoire surprenante ce que l'amour effréné du beau, parfois joint à une arrière-pensée spéculative, a produit de réunions merveilleuses de livres, de tableaux, de pièces autographes, de gravures, de faïences, de meubles et de dessins ; collections qui ont rendu des services éminents à l'étude des lettres et de l'art français en donnant l'empreinte et la clef des transformations du génie national.

Aujourd'hui, à de rares exceptions près, les

conditions de la vie, l'exiguïté des logis, le mercantilisme et la contrefaçon à outrance ne permettent guère les grandes collections en galeries ou en cabinets, il faut se restreindre et *bric-à-braquer* dans le bibelot et le document, *faire la curiosité* en flâneur, en antiquaire et se généraliser dans les jolies choses décoratives ou bien se spécialiser dans une note voulue, dans un département très limité. — Je sais tel bibliophile collectionneur d'affiches, qui, s'il tirait parti littérairement de ses cartons bondés de pièces lithographiées ou typographiées, pourrait écrire la plus étrange des Histoires de la Librairie française au xixe siècle, aidé de la philosophie de la réclame et de l'esprit des dessins du temps.

Tel autre qui ne réunit que les titres et couvertures de livres, depuis la période romantique, nous donnerait, s'il le voulait bien, une admirable *Bibliographie des livres annoncés et qui n'ont jamais vu le jour,* résumant dans cette œuvre l'histoire de notre cérébralité fiévreuse concevant encore plus d'ouvrages qu'elle n'en peut produire. — Un troisième bibliophile, collectionneur d'*ex libris* et d'*ex dono* des hommes illustres depuis le début du siècle, formerait certainement une monographie ayant force de dictionnaire, très utile à consulter par tous les chercheurs et bibliologues actuels. — Que ne donnerait pas enfin la collection, si elle n'employait toutes les facultés de ses apôtres dans le seul classement de ses pièces, la méthode de sa formation et l'affolante perspective d'*arriver au complet!*

Mais ce serait cesser d'être collectionneur que de déclarer close une collection dont, forcément, on ne constate jamais la plénitude, et le bibliophile qui, à mon avis, a trouvé la plus jolie devise, l'*eurêka* moderne, est certainement Archimède Poulet-Malassis, lequel campait hardiment à la collé, sur chacune de ses trouvailles, une eau-forte de Braquemont montrant un livre ouvert éclairé par ce grand cri de joie victorieuse : JE L'AI, et, dans ce triomphe de don Juan, on sent que rien n'est encore fini et qu'il reste le terrible sous-entendu : *A d'autres maintenant.*

Les vagues observations qui précèdent me sont inspirées par un royal in-4° d'olympienne allure qui ouvre ses feuillets de japon impérial à l'éclosion de l'année nouvelle, forçant l'admiration par l'exubérance et l'inouïsme de son luxe, bravant l'œil par son éclat, provoquant la critique par la perfection même de son exécution chromotypographique — un livre de Fermier Général aussi fou que Bourret, aussi entendu que de Laborde et non moins malicieux que d'Arlincourt.

Cette somptuosité, digne d'un Beaujon bibliophile, porte à son fronton : *Racontars illustrés d'un vieux collectionneur,* par Charles Cousin[1], auteur du *Voyage dans un grenier* et vice-président de la Société des Amis des livres. — En dessous de ce titre, le bibelotier bibliomane eût pu inscrire : « Mes bouquins, mes faïences, mes tableaux, mes dessins, mes autographes », car il ne s'agit ici que de ses récoltes dans la haute brocante artistique, littéraire et humaine, — l'amitié faisant partie de cette dernière série.

On se souvient du *Voyage dans un grenier,* qui fit sensation il y a, hélas! dix ans, en 1878, lors de sa mise en vente chez Morgand et Fatout, en leur boutique des Panoramas, alors aussi pétillante de vie que le Rœderer mousseux à marque blanche. Le livre fut enlevé comme une jolie femme, à la consternation des bibliophiles podagres et peu pressés; il eut une *presse* enthousiaste et fut un événement aussi bien au boulevard Bonne-Nouvelle, où régnait Conquet, Dauphin de sa gloire, qu'au passage Choiseul, où trônait Rouquette, gasconnant au milieu d'une élite d'admirateurs de Trautz à son apogée. — Le *Voyage dans un grenier* se paye aujourd'hui, dans

---

1. Les *Racontars illustrés d'un vieux collectionneur,* par Charles Cousin. Paris, librairie de *l'Art,* 1 vol. in-4°, de 350 p. sur japon. — Edition à 500 ex. en 1 vol. 150 fr. Edition à 100 ex. en 2 vol. 300 fr. Edition à 50 ex. en 2 vol. avec 7 tirages successifs des planches, 500 fr.

les ventes, en bonnes valeurs de chemins de fer d'avant les conventions ; il est plus ruineux qu'un voyage à Cythère, mais presque aussi capiteux et moins nuisible aux jarrets, si élevé que le placent les enchères, bien haut, très haut... au-dessus du niveau des concierges.

*
* *

L'auteur, M. Charles Cousin, a pour surnom *le Toqué;* on ne le désigne pas autrement dans le Landerneau des antiquaires; parler du *Grenier* et du *Toqué*, c'est parler d'un paradis à perspectives de faïences, à horizons maroquinés, à ciels plafonnés par Watteau et Lancret, un paradis où poussent des buissons d'autographes, où s'élèvent des murailles de dessins, où chantent les couleurs des Delft, des vieux Nevers et des Urbino, où dansent les figurines de Tanagra, et où les heures sonnent dans des horloges qui firent retentir leurs timbres pendant les massacres de la Saint-Barthélemy. — C'est dans ce grenier que le *Toqué* laisse échapper son araignée mentale pour y tisser sa toile fantaisiste, où il se plaît à coucher comme dans un hamac ses monstrueuses jouissances de possesseur repu, mais inassouvi ; c'est là qu'il aime à attirer, véritable *formica leo*, les pauvres prolétaires du Livre et les gagne-petit de la collectiomanie pour les voir, d'un œil satanique et sournoisement bon, crever de dépit devant la ploutocratie de ses merveilles flambantes de rareté et d'inestimable prix, car le *Toqué* a les allures d'un Méphistophélès gras et anthropophage qui aurait dévoré Faust à la « sauce Marguerite » pour suspendre dans sa panoplie sa rapière et son feutre, avec l'arrière-pensée d'arracher, grâce à ces touchantes reliques, toute une partition manuscrite au maître Gounod.

Le *Toqué* avoue très ingénuement avoir déjà décroché plus de douze lustres du banquet de la vie; en dépit de cette confidence, c'est bien le plus gaillard jouvenceau à barbe blanche qui se puisse voir. Droit, ferme, ramassé sur lui-même comme un lion aux aguets, il est toujours prêt à sauter à califourchon sur la calvitie de l'occasion pour y pincer son unique cheveu; il bondit plutôt qu'il ne marche; tempêtueux, alerte, toujours emballé pour l'acquisition de la veille ou pour celle du lendemain, souriant à la vie qui lui rend ses sourires avec profusion, bon homme, affable et très disert, épistolaire avec fougue, le très aimable Charles Cousin sait mettre ses partners en appétit de bien-être, et dans son *Grenier* je puis bien dire qu'on se pâme à tout âge.

Les visites chez lui ne sont pas des sinécures; vous entrez après avoir frappé les trois coups « de la clémente amitié », et l'ex-grand maître des corporations maçonniques vient ouvrir l'huis avec sa joie tout en dehors, montrant son visage plein et rosé, comme auréolé d'une sensualité rabelaisienne. Vous pensez vous asseoir et causer : ceci n'est pas de jeu. Vite aux vitrines et préparez toute la palette de vos épithètes admiratives, depuis l'*exquis* et le *fin* jusqu'à l'*admirable* et au *renversant*, car vous n'aurez pas une minute de répit, et le terrible hôte lui-même vous précédera hardiment dans la louange de tous les objets qui font sa religion, — l'unique, hélas !

« Tenez, cher ami, ce plat de Lille, quel dessin ! quel coloris ! quel émail ! C'est le plus beau type connu ; en l'empaquetant de billets de mille, vous ne donneriez pas son prix... il me revient à cent cinquante louis ; c'est donné... »

Vous approuvez... Il poursuit : « Ce candélabre que vous tenez pour allumer votre cigare, voyez-moi ça... c'est du *nanan*, une pure merveille d'argent ciselé, du Louis XIV le plus *copurchic*. Bérain a dû en faire le dessin... Rothschild voudrait me le souffler, mais *bernique!* »

Un temps, puis... : « Ah ! vous admirez cette horloge !... J'vous crois, mon bon ; elle mérite vos suffrages. Signée ! s'il vous plaît, et fleurdelisée, avec portrait du Roi-Soleil enfant, couronne royale et *tout le bataclan;* trouvée en Lorraine, avec actes de provenance ; le beau du beau, je vous assure. Spitzer pourrait faire sonner sur ma table mille écus qu'il ne l'aurait pas ! »

Et le *Toqué* va, vient, s'agite, se démène, exhibe des reliures, des bonbonnières et des montres, laissant ruisseler l'enthousiasme sur sa collection, maudissant à l'avance ses héritiers, alors qu'il se décidera à mourir de rire, la seule façon de se dérelier qu'il consente à admettre, sa devise de bibliophile étant : *Jean s'en alla comme il étoit venu.*

*
* *

Le *Toqué* est un richard, le *Toqué* est un veinard, le *Toqué* est un roublard; — il a tous les atouts dans les mains, et il les joue sans barguigner et sans tourner autour du pot : *Le roi, la dame, le valet, l'as et... je vous tonds.* — Il opère en *cinq sec* toutes ses opérations de bric-à-brac, avec une philosophie à la Descartes. *C'est beau; donc c'est rare; c'est rare, donc j'achète.* Vlan ! — Très éclectique, il donne du nez et du flair partout, et se montre essentiellement polymaniaque ; l'art dans toutes ses formes et productions lui semble accessible ; il sort, il ambule, il pérégrine dans le but d'amasser, et il pourrait chanter cette vieille ronde d'un roi d'ancienne féerie :

> Antiquaire savant
> Je voyage souvent,
> Et j'ai là sous la main
> Tous les trésors du genre humain.

L'*Architoqué*, pour tout dire, semble avoir mis sa toquade en actions au porteur, en souscrivant à tout, selon la formule de Bias : *Omnia mecum porto*. — C'est une sorte de *Cousin Pons* très moderne, un Cousin Pons avec apparat, qui n'a rien d'un fouisseur et qui aime *grolièrement* ses raretés pour lui et ses amis. Point de ces allures à la Lignerolles modestement harpagoniennes ; rien de caché, tout exposé comme une joyeuse conscience ; vaniteux sans doute, mais qui ne l'est point dans la possession, en dehors de l'égoïste ombrageux qui est vanitivore par jouissance occulte. Vaniteux comme un amoureux charmé de la sensation produite par sa maîtresse ; et sa maîtresse à lui, le *Toqué*, c'est la démonomanie de la collection sagement reléguée au grenier des Bérangères ivresses.

⁎
⁎

Le *Toqué* est bibliophile, iconophile, isophile, gynophile, chromotypophile, démesurément polyphile ; il est encore gastrolâtre et adéphagique, cynégétique, hypergenétique et arthritique à la fois. Il a élevé dans le temple de sa toquade un autel à la physiocratie et dans les cryptes une chapelle à la déesse Raison ; si sa furie ne s'arrête, le Grenier de la rue de Dunkerque menacera bientôt les dépendances de la gare du Nord, aux destinées de laquelle il préside.

Mais avant tout, l'ami Charles Cousin demeure fidèle au bouquin et à la bibliofolie. Sa bibliothèque classico-romantique, éroto-sophique et bibliopégi-mosaïste est encore à ses yeux l'endroit *select* de son musée ; il y cultive les moralistes et les déments, les poètes et les doctrinaires, les précieux et les gourmés, les académiques et les intransigeants, les utopistes et les prêtres de la raison pure. Tout l'intéresse, tout le tente, tout le passionne ; son esprit est omnivore ; il va de Caro à Mallarmé, de Lamartine à Rollinat, de Sainte-Beuve à Péladan, de Guizot à Touchatout. Il ne déteste point non plus, le monstre, les fleurs du mal cristallisées à la cantharide, et il possède un de ces petits Enfers capable d'incendier toutes les virginités de son arrondissement. — N'a-t-il pas acquis, il y a quinze jours à peine, le plus célèbre livre de la collection damnable de feu Hankey, les fameux *Tableaux des mœurs du temps* de La Popelinière, avec les gouaches de Carême sur vélin, une merveille du xviiie siècle, badin jusqu'au martinet, un rêve de miniatures humides de passion, un songe capiteux plein de nudités et de turgescences... persanes, comme l'histoire de *Zaïra !* — Ce livre, au demeurant moins brutal que *la Terre* et d'une exquise gentillesse de style, le *Toqué* se l'est offert au poids de vingt mille livres tournois... une bagatelle, mais une bagatelle qui passe au masculin, rappelant le *Bagatelle* du comte d'Artois, la folie d'antan, à cette heure où l'on élevait des châteaux face à face, pour s'éblouir et se faire échec sur le damier de la fortune.

Ces magnifiques *Racontars d'un vieux collectionneur* m'ont si bien mis en veine de *parlote* sur l'auteur, que j'allais oublier de m'occuper du livre où l'or et l'argent se relèvent en bosse, où le Japon étale sa nacre, où les reproductions abondent dans un pêle-mêle inattendu. — L'éditeur a soin de nous prévenir que cette édition des *Racontars*, exécutée *tout à fait en ami* et presque au prix de production par le maître imprimeur Danel, de Lille, revient à 75,000 francs... La note du bon négociant japonais Mitsui, ajoute-t-il (pas un ami, celui-là), dépasse à elle seule 16,000 francs. — *Juge un peu!* dirait le Marseillais.

La Librairie de *l'Art* a pris le livre des *Racontars* en son giron de la cité d'Antin, mais six libraires ont voulu prendre la lieutenance de ce quartier général et l'état-major des dépositaires se compose de Conquet, de Théophile Belin, de Francis Greppe, de Morgand, de Porquet et de Rouquette. — Palsambleu! Messeigneurs, le Roi de France et de Pologne comptait moins de mignons! — Ce précieux bouquin étant tiré en totalité à 650 exemplaires, chaque lieutenant du royaume de Rouam doit débiter une moyenne de cent *copies*, comme disent nos voisins d'outre-Manche. En vérité, au prix où est la brioche, il faudrait n'avoir point 150,000 livres de rentes pour hésiter une minute... La surenchère se fera tôt : « Allons ! voyons !... faites vos jeux, messieurs ! laissez-vous éblouir par les *Racontars;* c'est un placement de père de famille, à l'égal des *Bons* du Crédit foncier. »

Pour moi, ces *Racontars* m'étourdissent plus encore qu'ils ne me séduisent ; j'en trouve tout fort beau, papier, images, dorures, caractères, autographes, mais cette solennité m'intimide un peu, et si le texte était moins bon enfant, moins sans façon et moins *à la papa*, vrai, j'irais endosser l'habit de gala et ganter du beurre frais pour tourner ces feuillets très moirés au milieu desquels l'imposition des caractères montre des gracieusetés rigides de menuet.

Cependant, dès les premières pages, le *Toqué* déboutonne son gilet et nous montre une affabilité si familière que le décorum se dérobe aussitôt avec la crainte de l'incorrection, et l'on court se mettre en pantoufles et en robe de chambre pour popoter avec lui au coin du feu.

Car, il n'y a pas à dire, avec ce compagnon de voyage sans gêne, on pousse le mépris des convenances jusqu'à la bouffarde anglaise; on prend les *Racontars* sur son genou supérieur, on se prélasse, on se dandine le ventre à l'aise, et on semble se dire *in petto :* « Allons, maintenant, mon vieux *Toqué*, tu peux y aller ! apologétise-toi et apologétise-nous, en route pour ta *bibelotière*. »

Nous voici partis ;... superbe départ ! Le bonhomme collectionneur nous lit une longue lettre de lui à son très cher camarade Octave Feuillet et nous sort un portrait dédicacé de l'auteur de *la Morte.* On salue. — Suivent deux lettres du *Toqué* à trente-six carats, l'une au sieur Fernique, ingénieur et photographe, l'autre au typographe lillois Danel ; puis la *Papillonne* se montrant pour la première fois, l'ami Cousin nous mène dans un paysage animaliste de Van Marcke pour nous rincer l'œil dans la lumière du Nord. Vous pensez faire un peu de plein air, mais déjà votre compagnon vous murmure ses *juvenilia* avec des échappées sur le style épistolaire d'Octave Feuillet frisant la trentaine. Une reliure de Padeloup exécutée en mosaïque sur un *Daphnis et Chloé* clôt ce souvenir de jeunesse.

Tous les chapitres se succèdent avec cette incohérence réaliste ;... je dis *réaliste*, car le collectionneur est le plus abracadabrant causeur de la création ; il passe de Pierre à Paul, du xiie siècle aux époques *anti-Grévytiques,* de Palissy à Thouvenin, de Rubens à Gouttières, avec toutes les saccades et coups de marteau de sa passion polymorphe. — Cousin ne manque pas à la tradition, il fait cascader la logique et danse un pas de fille de l'Air devant la Méthode ; *in naturalibus veritas;* le collectionneur peut être incohérent; l'antiquaire positif et méticuleux n'est plus qu'un catalogueur qui a droit au *zutisme* de tous les Toqués.

Dans les *Racontars,* toutes les histoires sont brochées, sinon cousues, sans suite, et ce procédé, pour inquiétant qu'il soit, exprime bien l'insenséisme du bric-à-brac. — Dans toute collection multiforme moderne, on sent la déroute des arts battus et dispersés par le temps ; il y a là un fouillis de débandade très pittoresque et très charmant, mais aussi très indiscipliné ; ces spécimens de tous les temps, de toutes les conceptions et industries, de tous les pays, offrent l'aspect de soldats disloqués apportant un bout d'histoire glorieuse de leur patrie d'origine. — *Le vieux collectionneur* n'a pas été par trente chemins ; il a été par douze et a zigzagué partout avec l'ivresse d'amour-propre de la possession. Il nous a mis au fait de ses relations, de ses amitiés, de ses présidences, de ses entreprises diverses ; il a bouquiné dans la bibliothèque de ses souvenirs en nous montrant tous les grands et petits cousins à la mode de Lorraine qui sont en lui à demeure, et qu'il hébergera aimablement jusqu'au dernier quart d'heure de Rabelais.

Un seul mot pourrait peindre ce livre en sous-titre, c'est le mot d'*Autographologie* ou d'*Égoscriptomanie;* mais comme le *Toqué* ne s'est affolé que pour des hommes et des choses à moitié connus et parfois remarquables, ses bavardages ont toujours un côté assez curieux et humoristique.

Voyez plutôt les autographes qu'il a fait facsimiler pour la plus grande joie des graphologues ; on y rencontre le duc d'Aumale, Edmond About, Baudelaire, le marquis de Belloy, le duc de Bourgogne, Voltaire, Delvau, Coppée, Firmin Didot, Jules Ferry, Gavarni, Gérard de Nerval, André Gill, Émile de Girardin, Léon Gozlan, Littré, Ferdinand de Lesseps, Louise Michel, le duc d'Orléans, Eugène Paillet, le baron Pichon, Émile Picot, le baron James de Rothschild, Jules Simon, Auguste Villemot, Régamey et Henri Béraldi. — La liste est louable.

Parmi les portraits, nous voyons Coquelin aîné, d'après une aquarelle de Madrazzo; Feuillet, Édouard de Saisset, le prince de Galles, Massol, Reclus, le général Turr, M. A. Maury, Eugène Paillet, le président des *Amis des livres*, le duc d'Aumale en costume de général de division, et enfin le *Toqué* lui-même, *Cousinus Collector* dans son Grenier avec une allure méditative et Victorhugotienne très frappante.

Les reproductions de faïences de Rouen, d'Italie, de Delft, de Lille et d'Allemagne ont une place notable ; ce sont des coupes, des assiettes, des pichets, des bannettes, des plaques polychromes qui ont été fac-similés avec une perfection inouïe. Pour ce qui concerne les reliures, il faut les voir; les originaux ne sont pas plus reluisants, plus nets, plus emballants; le maroquin est reproduit avec une telle fidélité que l'œil s'y trompe, et les petits fers sont poussés avec un brio extraordinaire.

C'est à la maison Danel, de Lille, que revient l'honneur de ces reproductions chromotypographiques dont elle semble avoir le secret, et plus particulièrement à MM. Bigot-Danel et Weber, directeurs d'art de cette vaste imprimerie du Nord. Ces reliures, ces faïences, ces reproductions d'aquarelles qui ornent ce superbe volume des *Racontars* sont tirées aux encres vernissées avec six, huit, dix clichés de report et repérées avec un soin extrême. Il faut voir dans l'édition à 500 francs les suites nombreuses des *étalons* de chaque couleur pour comprendre l'incommensurable difficulté de ce travail, qui est le suprême de la typographie moderne. Ce qu'il faut de recherches, d'essais, de tâtonnements, de mélanges de tons, d'épreuves et de contre-épreuves pour atteindre cette perfection de rendu est entièrement inimaginable ; il faut avoir passé soi-même

aux presses, avoir lutté contre les mises en train, mélangé la pommade des couleurs et calculé la propriété des marbres et des rouleaux pour être à même de juger des efforts dissimulés dans l'admirable harmonie de ces planches enluminées.
— Ici la reproduction est directement obtenue d'après l'objet d'art, sans l'interprétation auxiliaire du dessinateur, et telle assiette, tel plat qui nous charme par la fidélité, la netteté de son tirage, a demandé plusieurs mois d'étude, de lutte et de désespérance avant d'avoir obtenu ce fini dans l'émail et cette délicatesse dans la décoration.

Bien que la chromotypographie se soit généralisée en ces derniers temps, et alors même que trois ou quatre imprimeries parisiennes fassent de véritables chefs-d'œuvre dans ce genre, il est équitable de reconnaître que la maison Danel possède une manière qui lui est propre et qui consiste à fournir des fac-similés d'objets d'art obtenus par des procédés à elle, lesquels dépassent tout ce que l'on est susceptible de faire ailleurs d'autre façon.

A côté de ces merveilles polychromes, la taille-douce a largement droit de cité dans l'ouvrage du *Toqué*. Le graveur Cattelain, qui possède la maîtrise de l'eau-forte et du burin, et qui a la prestigieuse facilité d'enlever sur cuivre des portraits sans calque, a fait mordre quantité de planches, reprises à la pointe sèche et qui sont d'une très belle facture indépendante ; il a également retouché par une habile cuisine du bronze des photogravures de Dujardin, dans lesquelles il a fait disparaître les teintes grises et neutres et la monotonie du procédé qui ont si souvent besoin d'être réveillées et *asticotées* par une main d'artiste.

Un type, ce Cattelain, un original qui méritait d'être connu et mis en lumière. Sous la Commune, il joua un rôle comme chef de la sûreté, et le vieux collectionneur lui doit, paraît-il, une belle chandelle... qu'il s'est chargé d'allumer aujourd'hui. — Charles Cousin nous raconte cet épisode du second siège où il fut mis si singulièrement en présence du graveur ami d'André Gill. C'est un joli chapitre de ce livre, qui se termine par une charmante nouvelle de Cattelain écrivain, illustrée par le japonisant Félix Régamey avec l'esprit et le talent qu'on lui connaît.

⁎
⁎

Je pensais, en ébauchant ce chapitre sur les *Bibliophiles collectionneurs*, pouvoir faire visite à divers *cabinets-galeries* d'amateurs parisiens, dont le *home*, les goûts et curiosités valent qu'on les décrive ; mais le vieux collectionneur avec tous ses racontars et son impitoyable faconde m'a arrêté en chemin et j'ai si bien feuilleté son livre aux rutilantes richesses, je me suis si étourdiment laissé prendre aux jeux de physionomie de ce Lorrain mâtiné de Normand que je n'ai point entendu les heures prendre leur vol dans le sablier du temps; me voici donc réduit à la portion congrue.

Encore aurai-je laissé une silhouette suffisante de l'*Architoqué?* — Aurai-je montré ce que ce Gagne de la bibliomanie cache de fêlures, de craquelages et d'agrafes sous l'émail de sa toquade? C'est peu probable. — Il n'est pas un bipède collectionneur qui ne vaille une bonne plaquette biopsychographique, car, sous l'ostentation apparente de la folie aimable, on aimerait à découvrir et à mettre en saillie lumineuse bien des particularités enfouies, des passions latentes, des idiosyncrasies étranges; on se plairait à cataloguer les mille et une singularités de ces cerveaux à rouages complexes, à retirer en un mot la lumière de dessous le boisseau.

Un botaniste a écrit un jour un gros ouvrage sur la *Flore de la place Vendôme,* un autre a décrit *les Parasites du fraisier de Bernardin de Saint-Pierre.* La flore et les parasites d'un esprit collectionneur seraient non moins curieux à inventorier, car il y aurait là, pour un curieux, du touffu et du grouillant à analyser à la loupe et au microscope d'une physiologie philosophique.

Adonc, *Toqué*, livre-moi ton crâne constellé de protubérances ! Je l'attends, ce crâne étoilé comme un verre ! Je serai ton Lavater sans aucune collaboration de Gall; je décrirai tes infiniment petits passionnels et donnerai un appendice à ton bouquin princier sous ce titre : *la Cousinière d'un vieux collectionneur,* par un Vice-Présidé de la *Société des Amis des livres.*

Le crâne, ô Toqué, c'est le *Grenier* où la raison boude l'indépendance du cœur ! C'est là que nous accumulons notre plus précieuse collection : *Les Archives du Souvenir.*

L'HOTEL DROUOT

ET LA CURIOSITÉ

L'HOTEL DROUOT

ET LA CURIOSITÉ[1]

(Lettre à M. Paul Eudel.)

De l'imperfection de l'Hôtel des ventes actuel. — Une campagne à entreprendre. — L'accroissement du bric-à-brac depuis vingt ans. — Un projet rêvé de nouvel hôtel des ventes mobilières; plan d'organisation. — De l'utilité d'une société d'experts-jurés. — Une Histoire générale de la Curiosité. — Les Ventes au XVIIIe siècle. — Croquis de Sébastien Mercier. — La Graffinade. — La Confession publique du brocanteur, pamphlet de 1776. — Le tableau des encans et la physiologie du collectionneur depuis 1800. — Les Peintres devant les enchères. — A quand une Monographie de la Curiosité?

Il est abominable, mon pauvre Eudel, cet hôtel Drouot, dont vous êtes aujourd'hui pour la septième fois l'annaliste. — Il est indigne de Paris et de ses prodigieux collectionneurs, indigne du rôle que notre société nouvelle lui

---

1. *L'Hôtel Drouot et la Curiosité*, par Paul Eudel, 7e année. Paris, Charpentier; in-18. 1888.

assigne, indigne des charges qui lui incombent.
— Il est absolument vieux jeu dans son installation et dans ses rouages, vieux jeu dans ses ficelles émêchées, et il serait à désirer qu'un incendie vînt anéantir et purifier ce temple de la brocante si mal aménagé à tous points de vue et dont on voit s'élever la vilaine silhouette en plein cœur de la métropole comme un défi à la richesse et à la salubrité publiques.

Nous méritons, avouez-le, mieux que ce vaste bazar inconfortable, où la bronchite attend ses victimes dans le vent coulis des portes ouvertes et où le typhus règne à l'état ambiant dans la nauséabonde tiédeur de l'atmosphère. — Puis, quelle infâme et pouilleuse promiscuité! quelles sordides accointances dans ce courant d'humanité! — On a beau se oindre d'amour démocratique, et cuirasser sa délicatesse de charité sociale, encore faut-il ne pas appeler à soi la prophylaxie des lotions phéniquées et être assuré contre les caresses cutanées des parasites aux instincts émigrants. — Or, sans parler du pittoresque et grouillant *Mazas*, du rez-de-chaussée de l'hôtel, ou même de la salle dite des *Colonies*, à l'entresol, il faut bien confesser que les plus nobles ventes nous laissent parfois de trop chatouilleux souvenirs, que le prurit et la fièvre des enchères ne parviennent pas toujours à dominer.

Cet hôtel des ventes mobilières, édifié depuis trente-six ans sur les terrains vagues qui avoisinaient l'ancien Opéra, n'est plus de taille à supporter les brusques coups de fortune de notre monde en éternelle liquidation; l'arène n'est plus assez vaste, assez propre, assez dégagée pour se prêter à tous les sports de luxe, de misère et de vanité qui s'y donnent aujourd'hui rendez-vous, et il faut bien que le Parisien, ce faux frondeur de tyrannies, soit individuellement le plus doux et le plus moutonnier des êtres pour consentir, sans se révolter, à se laisser parquer, friper, souiller et empoisonner dans ce Ghetto épouvantable où le monopole des commissaires-priseurs règne dans les abus et les petites infamies patentées.

Vous qui voyez de plus près que je ne saurais le voir ce pays d'Ali-Baba, vous, ami Eudel, qui connaissez par le menu toutes les fraudes, les coups de dés, les truquages, les accès de fièvre chaude du tableautage et du bibelotage, vous qui avez flairé l'ingénieux commerce des toiles *sous crasse* et les associations pour l'exploitation de la bêtise humaine, ne pensez-vous pas qu'il serait temps d'entreprendre une croisade contre ce repaire de pirates et de dévoiler non plus seulement les *petits mystères* de l'Hôtel, naguère éventés par Rochefort, mais surtout la niaiserie et l'immoralité du système administratif qui régit les ventes contemporaines ? — Jusqu'ici vous vous êtes contenté du titre d'historiographe de l'hôtel Drouot, et sept annuaires de la Curiosité vous ont conquis droit de cité chez tous les collectionneurs et bibliophiles ; mais ce n'est pas assez à mon sens : je voudrais vous voir sortir de la passivité où vous cantonne votre rôle de chroniqueur impartial, et je serais charmé de vous entendre bientôt décerner l'épithète d'*historiogriffe;* — à bons rats, bon chat; — il y a des massacres à opérer dans les dessous grouillants de l'immeuble qui vous occupe et dont vous méritez, à vrai dire, d'être l'inspecteur clairvoyant et incorruptible.

Ce serait, songez-y, une noble entreprise pour un esprit indépendant ; l'heure me semble propice ; le public entier, sinon la presse, vous suivra.

Préparez-vous et marchez bravement de l'avant !

**

Depuis vingt ans, il est indiscutable que les conditions de la vie parisienne se sont largement transformées et améliorées ; des quartiers nouveaux se sont élevés à l'ouest et au sud de la ville, et la propriété bâtie a si bien mangé la lèpre des terrains incultes que les petits hôtels se sont mis à foisonner ; les logements ont été conçus plus vastes; l'aisance, en quelque sorte, s'est accrue et, peu à peu, subissant la loi indéfinie des modes et du goût, le Parisien a senti germer en soi les premiers symptômes du confortable, l'amour de l'art décoratif et le vague sentiment de l'agio bibelotier. Les femmes et les artistes ont donné l'impulsion, et la statistique pourrait démontrer que les marchands d'antiquités, les bazars d'extrême Orient, les brocanteurs d'objets précieux et de livres rares ont plus que doublé chez nous depuis l'Année terrible.

D'autre part, on doit constater que les fortunes ont été plus rapides et les dégringolades plus accélérées; il s'en est logiquement suivi un mouvement considérable et parfois même inquiétant dans les trafics de l'Hôtel des ventes mobilières qui, exécuté à son origine pour suivre le doux petit train-train du règne Louis-Philippique, est devenu ridiculement en arrière de tout progrès et pratiquement aussi démodé que la gare de Sceaux ou l'ancienne halle au blé.

Il nous faudrait aujourd'hui un vaste immeuble, mis au concours et propre à satisfaire toutes les exigences modernes; un monument de nobles lignes et d'immenses proportions, tel qu'il en existe dans les principales villes des États-Unis, notamment à Philadelphie. Ce nouvel Hôtel des ventes ouvert à l'air et à la lumière, ingénieusement distribué, aisé à purifier, d'un accès aimable, d'une installation ample, élégante et confortable, serait régi par des ordonnances vraiment égalitaires qui mettraient l'amateur sur la même ligne que le marchand, sans permettre l'accaparement *des bandes noires* et l'étouffement des curieux de second plan.

Chaque salle de vente aurait son hémicycle formé de hauts gradins laissant à chacun la vue et la possibilité d'accès à la table d'exposition; des places payantes, mises à la disposition des collectionneurs sérieux, s'étageraient auprès de la tribune du commissaire-priseur, laissant la liberté du mouvement aux porteurs, aux *aboyeurs* et à l'expert, sans encombrer les magasins par l'incroyable empilade de curieux que l'on voit maintenant, piétinant sur place et recevant les bourrades féroces des garçons déménageurs.

Bien plus, dans l'ordre et la libre allure de ces salles de vente, je voudrais des petits *boys*, allant, venant, portant les cartes et la monnaie des acquéreurs, s'entremettant entre les vendeurs et l'adjudicataire, passant les menus objets, prenant les notes de dépôt, retenant les places momentanément inoccupées, offrant en outre les catalogues et les crayons annotateurs.

Des salles d'exposition, lors des grandes ventes, s'ouvriraient dans cet hôtel rêvé plusieurs jours et soirs de suite, avec un aménagement de galerie, donnant ainsi à Paris son véritable Musée des Arts décoratifs sans cesse renouvelé, permettant l'étude aux amateurs et aux critiques dans un local muni de chaises et de divans, loin des cohues des autres salles. — Les ventes par autorité de justice et les déballages misérables du *Mazas* actuel seraient isolés dans des pavillons où le populaire se verrait accueilli en lieux propres et soigneusement purgés chaque jour de tous les microbes accumulés pendant les enchères précédentes.

Enfin, puisque je fais tant ici que de tracer un programme qui risque peu d'être jamais adopté, je réclamerais, au centre du nouvel hôtel, une cour pour les voitures, des cabinets d'ablution avec dépendances, un poste de chasseurs-commissionnaires, un bureau télégraphique et téléphonique, un salon de correspondance payant, un *refreshmentroom*, en un mot tout ce qui constitue les nécessités d'un endroit où l'on séjourne, où l'on se ruine, où l'on s'émotionne, où l'on se salit, où l'on s'encombre, où l'on s'échauffe, où l'on passe, pour tout dire, par autant de sensations que dans les vastes *halls de Monte-Carlo*, et parfois par autant de déboires que dans les tripots les mieux achalandés en philosophes attiques.

La réforme que je souhaite, que j'implore et que le bon sens impose ne s'appliquerait pas seulement, mon cher Eudel, à l'architecture et à l'entente des bonnes dispositions matérielles du nouvel Hôtel des ventes; je la conçois plus complète, plus profonde et plus étendue; je la vois s'attaquant à la constitution même de la corporation des Commissaires-priseurs, modifiant beaucoup de leurs prérogatives, annulant quelques-uns de leurs droits abusifs et distribuant moins parcimonieusement le nombre de leurs charges.

Cette réforme surtout viserait principalement tous ces braves Experts sans autorité suffisante, qui trop souvent prennent le Pirée pour un homme et l'Apocalypse pour un primitif allemand. Quand nous aurons mis hors de pair, parmi les experts, Ferral et Lasquin pour les tableaux et croquis anciens, Porquet et Émile Paul pour les livres, Bouillon et Meyer pour les estampes, Charavay pour les autographes, Ch. Mannheim et Bloche pour les objets d'art, Georges Petit et Bernheim jeune pour les peintures modernes, Hoffman pour les médailles, Feuardent pour les antiquités grecques et romaines, les médailles et figurines; Ém. Vanderheym pour les diamants, je ne pense point que nous soyons à même de compter plus de dix ou quinze autres Experts dignes de subir notre propre expertise personnelle sans déplorablement faillir à l'examen.

Cependant les Experts fourmillent à l'infini

puisque tout citoyen français qui paye ou non la patente a le droit de s'ériger Expert de sa propre autorité. Vous conviendrez qu'à côté des charges bastionnées d'écus des officiants ministériels ou Commissaires-priseurs, la contradiction saute aux yeux ; elle apparaît sous son jour ridicule et ne laisse pas de surprendre à l'extrême les étrangers qui se livrent à l'étude réglée de nos institutions.

Je voudrais donc que l'on créât une Société d'Experts, sérieusement établie, ayant ses règlements et son contrôle, distribuant ses brevets de capacité avec mesure et formant une école sévère pour chacune des branches de nos industries d'art. Cette Société pourrait à la rigueur se former comme la Compagnie des Commissaires-priseurs et accorder des charges qui seraient transmissibles selon les capitaux et selon examen des candidats. Ce serait une force et une garantie pour le public qui cesserait d'être exposé aux âneries des petits marchands sans éducation et qui ne verrait plus des portraits de Louis XV attribués à Velasquez ou des bustes de Molière supposés modelés sur nature par Clodion.

Je ne suis pas assez grand clerc en matière de droit d'association ni en jurisprudence commerciale pour entrevoir les bases possibles de cette Société d'Experts jurés, mais l'idée mérite d'être prise en considération et étudiée par un homme remuant et tenace comme vous l'êtes, et, avec le concours des gros bonnets de l'Hôtel, j'ai l'assurance que vous réussiriez à la mettre en pratique avec succès, en dépit de l'individualisme qui est la marque distinctive de ce temps d'égoïsme à outrance.

*
* *

Puisque nous naviguons en plein océan incertain du conditionnel, tâchant de peupler nos horizons de rêves, laissez-moi vous avouer quelle fut ma première pensée le jour où vous vîntes me prier de faire parader une causerie aux abords de votre ouvrage sur les *ventes* et la *curiosité*. — Après les préfaces prestes et spirituelles de mes prédécesseurs, Claretie, Monselet, Silvestre, Burty, Champfleury et Bergerat, je songeai aussitôt que le vrai préambule à mettre en tête de votre publication annuelle serait une revue complète des adjudications parisiennes, selon les idées et le milieu des temps passés, avec l'expression vivante de tous les commentateurs contemporains.

Quels tableaux étranges, pleins de couleur, amusants, pittoresques et variés à la fois ! Quels précieux documents pour l'étude philosophique de la mode, de l'art, des mœurs et du goût ! Quelles surprises singulières enfin offrirait une histoire minutieuse et anecdotique des ventes en France, et en particulier à Paris, depuis le moyen âge jusqu'à nos jours !

On peut s'étonner que cette œuvre considérable, assurée de succès, n'ait pas encore été écrite, ni même ébauchée jusqu'ici. — Avec ses aspects multiples, ses rétrospectives et ses vues d'ensemble sur le public et les marchés d'antan, cette reconstitution du monde de la brocante eût été assurément la vaste pierre d'assise de votre Annuaire de l'hôtel Drouot qui vient de gagner allègrement son septième chevron d'existence.

Je me suis plu, je puis le dire, dans un de ces rêves d'ouvrages qu'on ronronne au coin du feu, à tisser en imagination la vaste toile arachnéenne où bercer ce projet, et j'ai été effrayé par les formidables proportions de cette histoire des ventes mobilières. — Voyez-vous ce travail effréné qui consisterait à relire toutes les anciennes chroniques, à parcourir tous les *inventaires* publiés ou non, à disserter sur l'institution des anciens jurés-crieurs, à restituer les encans du xve siècle, à déterminer les emplacements successifs de ces criées tour à tour sur le pont Notre-Dame, sur le quai de la Mégisserie, dit aussi de la *Ferraille* qui s'étendait jusqu'à l'ancienne vallée de *Misère*, près le Châtelet; à la salle des Grands-Augustins, aux Grands-Cordeliers, à la rue du Battoir, puis en l'hôtel d'Espagne, rue Dauphine? — Quelle persévérance pour arriver à apporter une faible lumière dans cette nuit d'inconnu! les principales sources de renseignements sur les collections d'autrefois et sur les catalogues imprimés, faisant défaut jusqu'aux premières années du xviiie siècle! — Ce ne serait point tout, il faudrait encore s'enquérir du rôle exact et des rétributions des huissiers-priseurs et des principaux experts d'autrefois, montrer l'amateur grand seigneur et abbé de cour et descendre jusqu'à peindre la multitude se pressant à la vente soit en plein air, soit dans le clair-obscur des salles poussiéreuses.

Au siècle dernier, la moisson de documents serait énorme, et nous pourrions frapper à toutes portes, à une des salles des RR. PP. Augustins du grand Couvent ou bien à la salle de vente de l'expert Pierre Rémy, rue Poupée, près la rue Hautefeuille. Nous aurions encore accès chez le fameux Paillet, marchand de tableaux expert, à l'hôtel d'Aligre et chez Lebrun, son concurrent, à l'hôtel Lubert, rue de Cléry, en attendant que nous localisions nos excursions vers 1780 dans le célèbre établissement de l'hôtel Bullion, rue Plâtrière, qui engendra, en quelque manière, l'hôtel des ventes sis place de la Bourse, puis rue Drouot depuis 1852.

Ce qu'il y aurait de principalement amusant à faire ressortir de cette étude du passé, ce serait les passions éternelles des acteurs en scène, aboutissant au mécontentement général; on montrerait la rivalité des amateurs entre eux, des marchands contre les amateurs et les guerres intestines des trafiquants, déjà ligués cependant pour faire obstacle au collectionneur. — Regardons, par exemple, au passage ce piquant tableau de Sébastien Mercier, accroché dans son *Paris* sous la désignation d'*Huissier-priseur*. Rien n'y manque comme touche et observation.

*
* *

« La charge d'huissier-priseur — car tout est charge : qu'est-ce que les rois n'ont pas vendu ? — devient de jour en jour plus lucrative. Plus il y a de luxe, plus il y a de nécessiteux ; le combat sourd de l'aisance et de la pauvreté occasionne une multitude de ventes et d'achats. Les pertes, les banqueroutes, les décès, tout est favorable aux huissiers-priseurs, en ce que les revers, les variations de la fortune, les changements de lieu et d'état, se terminent par des ventes forcées ou volontaires. Il y a ensuite les petites ruses du métier. Tel huissier-priseur est souvent marchand tacite ou bien associé avec des marchands ; et dans les adjudications, il sait conséquemment couper la broche à tout propos, c'est-à-dire adjuger suivant qu'il lui plaît, d'après ses vues secrètes ou celles de ses commettants cachés.

« L'adjudication est un prononcé irrévocable ; mais que de clameurs avant le mot définitif !

L'huissier-priseur est obligé d'avoir un crieur à ses gages, un *Stentor*. On n'entend que cette répétition éternelle des acheteurs : Un sol! un sol! tandis que l'huissier de son côté crie : Une fois, deux fois, trois fois ! — On dirait que l'objet crié va être adjugé sur-le-champ, car l'huissier dit toujours : Pour la dernière fois, en voulez-vous? n'en voulez-vous pas? — Un sol! un sol! répète l'assemblée, et voilà l'objet qui, de sol en sol, remonte subitement à mille livres au-dessus du premier prix. Un sol a fait pencher la balance, un sol l'a fixée invariablement.

« L'huissier en habit noir, avec sa voix flûtée et le crieur déguenillé, mais gorgé d'eau-de-vie, dont le timbre fait trembler les vitres, usent leurs poumons à parler au public, comme dit le poète Rousseau dans sa plaisante épigramme. L'oreille est fatiguée par cette répétition continuelle, assommante. Les Paix là! du *Stentor* enroué surmontent à peine le bruit confus de la multitude qui se passe de main en main les objets, les regardant, les dédaignant selon l'envie ou le besoin.

« Quand vous avez assisté à l'une de ces ventes tumultueuses, vous en avez les cris monotones et le bourdonnement dans l'oreille pendant quinze jours ; on adjuge de cette manière depuis un tableau de Rubens jusqu'à un vieux justaucorps percé par les coudes.

« Dans les ventes après décès, les chaudronniers à cheveux plats ouvrent toujours la séance, car on commence toujours par la batterie de cuisine, le mort n'en ayant plus besoin; ils se trouvent dans la salle du défunt avec tous ceux qui viennent pour acheter ses diamants, ses meubles de Boule et ses dentelles. »

* * *

A part quelques expressions désusitées, on sent que le tableau est presque moderne d'allure et de vérité; mais Mercier, dans une autre partie de son *Tableau de Paris*, à propos des ventes par Arrêt de Cour, a tenu à nous présenter un échantillon de la bande noire au XVIIIe siècle et ici encore on ne peut s'empêcher la différence d'avant, et d'après la révolution, — elle est nulle :

« Il y a dans ces ventes, dit-il, une considération secrète dont on doit perpétuellement se défier ; elle s'appelle la *graffinade*. C'est une compagnie de marchands qui n'enchérissent point les uns sur les autres dans les ventes, parce que tous ceux qui sont présents à l'achat y ont part; mais quand ils voient un particulier qui a envie d'un objet, ils en haussent le prix et supportent la perte, qui, considérable pour une seule personne, devient légère dès qu'elle se répartit sur tous les membres de la ligue. »

« Ces marchands aigrefins se rendent donc maîtres des prix, parce qu'ils font en sorte qu'aucun autre acheteur n'aille au-dessus de celui qu'un membre de la graffinade aura offert. Quand un objet a été poussé assez haut pour écarter du bénéfice tous ceux qui ne sont pas de la *clique*, alors dans une assemblée particulière, ils adjugent l'objet entre eux ; voilà pourquoi tel homme expérimenté s'étonne de trouver tel objet si cher dans les ventes : la *graffinade* veut qu'il n'y remette plus les pieds, afin que les marchandises tombent au bas prix auquel ils prétendent les acquérir.

« Cette conspiration contre la bourse des gens a chassé de la salle des ventes un nombre infini d'acheteurs qui aiment mieux être rançonnés par un membre de la *graffinade* que par la *graffinade* entière, qui, selon l'expression populaire, a les reins forts et joute de manière à écarter les plus intrépides.

« Les crieurs de vieux chapeaux, les revendeurs imitent parfaitement sur ce point les lapidaires, les orfèvres et les marchands de tableaux. »

Les époques se suivent et se ressemblent toujours plus qu'on ne croit, car les ficelles de l'humanité sont inusables et servent à faire mouvoir les mêmes passions nobles et basses de l'espèce. Les trucs, que nous pensons être un produit de civilisation corrompue, ont été mis en pratique, aussi bien hier qu'avant-hier, et ce ne serait pas l'un des moindres attraits de l'histoire des ventes dont je me suis ingénié à tisser le canevas, que cette démonstration de la filouterie marchande à travers les siècles, toujours mise en éveil et toujours basée sur les mêmes chausse-trapes et la même Revision.

*
* *

Un des documents les plus complets qui ferait appoint à cette étude de physiologie philosophique pourrait être extrait d'un pamphlet rarissime intitulé la *Confession publique du brocanteur*, publié à Amsterdam en 1776 et réimprimé par Eugène Piot, dans son excellent *Cabinet de l'amateur* en 1861.

Le singulier héros de ce libelle est un nommé Ferre-la-Mule, marchand de tableaux, bon Parisien de la place de Grève, et qui eût été digne d'y terminer ses jours, écartelé par cent vigoureux collectionneurs.

Ce Ferre-la-Mulle, au retour d'un voyage d'Amérique à Saint-Malo, à la date de 1769, se sent pris d'un si violent mal que, sur le point de périr, il fait mander un confesseur, lui criant avec désespoir : « Père aumônier, ayez pitié de mon âme, confessez-moi ! — Soit, mon cher frère, dit le prêtre. Quelle profession est la vôtre ?

— Brocanteur de tableaux, reprend Ferre-là-Mule. » Puis aussitôt de s'écrier de nouveau :
— « Ah! mon Père, que j'ai à me reprocher de friponneries! que de forfaits! que de vols! — Allons, courage, mon cher frère, confessez-vous! — Mon père, je m'étais associé avec trois autres marchands, et tous quatre nous avons fait plus que les plus grands voleurs, excepté que nous n'avons tué personne. — Mais encore, interroge l'aumônier, qu'avez-vous fait? — Nous simulions les ventes publiques, mon Père, nous y mettions de mauvais tableaux, que nous poussions et enchérissions les uns sur les autres à des sommes exorbitantes, pour faire courir le bruit qu'il y avait eu à telle vente plusieurs tableaux de conséquence, puisqu'ils avaient monté jusqu'à six, huit, dix ou quinze mille francs, plus ou moins chacun; tandis qu'ils ne valaient pas cinquante sols. Les amateurs donnaient si aveuglément dans le piège qu'ils prenaient envie de les avoir, ils donnaient encore un bénéfice en sus pour acquérir la possession; de plus, nous leur tirions leurs bons tableaux par-dessus le marché en leur disant qu'ils n'étaient pas de mode, qu'ils n'étaient pas agréables, etc. »

Ferre-la-Mule, pressé par le prêtre, fait défiler un à un tous ses tripatouillages, et le bon Père le stimulant : « Courage, courage, chère frère, remettez-vous, continuez! » — le brocanteur en arrive à débiner le truc du *sous crasse* que nous pensions si bien être une invention du xixe siècle.

« Quand j'avais un tableau, soupire le moribond, et que je ne pouvais m'en défaire, je le cachais pendant quelque temps, je le salissais, je le mettais chez quelque pauvre personne de ma connaissance, et j'allais dire à un amateur que je savais un bon tableau *sous crasse* à vendre chez une personne qui n'en connaissait pas le mérite; mais que, faute d'argent, j'avais été forcé de manquer cette bonne occasion; que, ne pouvant l'acheter, j'étais venu l'avertir en lui disant que je serais plus charmé qu'il l'eût qu'un autre... et cet honnête homme trop crédule allait bien vite l'acheter. »

La confession se traîne en récits infinis sur toutes les filouteries pratiquées dans le négoce des tableaux; le patient s'affaiblit de plus en plus; enfin sur une dernière exhortation de l'aumônier, il résume ainsi ses principaux exploits:

« Quand je voyais un amateur riche et qui n'avait point d'argent, je lui offrais crédit, mais à des conditions les plus usuraires; et pour lui faire encore mieux la loi, je lui prêtais de l'argent dans son besoin: de sorte que, par succession de temps, je faisais avec lui affaire sur affaire, bagues, montres, boîtes d'or, bijoux de toute espèce, chevaux, voitures, maisons de ville et de campagne, jardin, etc., je m'accommodais de tout et finissais par le ruiner de fond en comble. »

Ne pensez-vous pas que ce Ferre-la-Mule ressemble furieusement à plus d'un de nos exploiteurs de tableaux contemporains, qui ont pu échanger leurs vieilles toiles contre de véritables palais? — Mais ces derniers ne feront, hélas! leurs confessions qu'au jugement dernier devant le Père Éternel, à barbe d'apôtre, qu'ils auront tant vendu sous la fausse signature de Michel-Ange ou d'Alonzo Cano.

*
* *

Ah! certes, plus je m'y attache par la pensée, plus je trouve qu'elle serait prodigieusement bondée d'intérêt, de faits, d'anecdotes et de philosophie sereine, cette monographie historique de nos ventes mobilières. Ce serait, à vrai dire, toute l'histoire de la curiosité. — Vous figurez-vous ce que produirait la recherche consciencieuse du brocantage ou plutôt du lessivage sous la Révolution et la Terreur, à cette heure où l'art, cet aristocrate, était devenu si suspect qu'il était contraint d'émigrer à l'étranger? Concevez-vous le tableau des Encans à l'époque du Consulat et de l'Empire, en pleine transition de goût et d'idées? — Quelles enchères dérisoires pour tout ce qui provenait du xviiie! — Quel engouement pour le style pompier! quelle fureur pour le néo-Grec et l'académicien! — Puis, lorsque nous arrivons à la Restauration, un peu effarés par les secousses successives de la veille, quelle accalmie apparente qui cache une reprise générale, une rénovation lente de la curiosité, une reconstitution physiologique de l'amateur, lequel revient aux beaux livres, aux tableaux, aux miniatures, à toutes les menues choses d'art que la passion populaire avait rejetées au début du siècle !...

Le bel ouvrage à faire avec la psychologie changeante du collectionneur, le profit des Commissaires-priseurs successifs qui ont acquis un renom, les milieux divers depuis l'hôtel des Fermes, rue du Bouloi, jusqu'à l'hôtel de la place de la Bourse, démoli au coup d'État !

A côté du pittoresque, le document viendrait y apporter les longues doléances du commerce parisien et tous les factums, les observations, les remontrances au parlement contre les abus et les fraudes commises sous la régie des marteaux d'ivoire ! Ces plaintes exposant que les ventes aux hôtels favorisent les faillites, enlèvent aux créanciers les gages de leurs créances et facilitent la disparition des objets provenant de source illicite; les rapports des commissions parlementaires sur ces pétitions couvertes de signatures seraient dignes d'être publiés, et la conclusion offrirait à l'esprit cette réflexion attristante que tant d'efforts, de cris de détresse, de protestations, n'ont abouti à aucun résultat équitable, alors même qu'aucune disposition légale n'ait jamais autorisé la création de l'Hôtel des ventes publiques et que le temps seul en a pu consacrer la toute-puissante autorité.

En dehors de ces curieux chapitres historiques, ce livre entrevu par mon imagination vagabonde aurait encore l'extrême mérite de prouver que les enchères ont toujours été dans la généralité la pierre de touche de la valeur réelle des artistes et des écrivains; là apparaîtrait le point philosophique de l'œuvre, car de tous les *tableaux d'adjudications* de différentes époques, mis en regard et analysés par l'historien, il ressortirait cette moralité consolante, que le mérite n'y a jamais été trop aisément confondu avec le succès et la réputation, que les surenchères les plus folles ne se sont pas élevées sur les œuvres des peintres gorgés d'honneurs, de décorations et de fauteuils académiques, mais qu'elles ont atteint le plus souvent les productions des modestes, des sincères et des vivants, mis hors la loi des Instituts.

Ah! cette histoire de la Curiosité, vos Annuaires si précieux ne la consacrent que depuis sept années. Mais auparavant! Quelle énorme lacune!

C'est la base de votre œuvre que je réclame, mon cher Eudel, et je voudrais m'être montré suffisamment éloquent dans ces quelques pages de causerie à bâtons rompus, pour avoir laissé germer deux idées fécondes, celle d'un nouvel Hôtel des ventes avec des réformes indispensables, et aussi cette pensée créatrice d'une vaste *Monographie historique de la Curiosité,* tout au moins depuis l'édit d'Henri II, en 1556, instituant des offices de priseurs-vendeurs dans tout le royaume, jusqu'à cette heure présente où la curiosité a fait de nous de véritables fils d'Ève, inquiétés par le beau et presque incapables de vivre en dehors de toute la bibeloterie du diable qui nous enveloppe et nous dévore.

La passion du bric-à-brac poussée dans les limites extrêmes de ce temps-ci, est bien un des plus furieux symptômes de décadence que je connaisse, car elle indique à la fois l'anémie dans le style décoratif et la *boulimie* oculaire des formes et des perfections du passé. Enfin, décadents ou nom, laissons-nous vivre; ayons la philosophie de la petite Vaubernier : *Après nous, le déluge... des contrefaçons !*

LES AMATEURS

D'AUTOGRAPHES

LES AMATEURS
D'AUTOGRAPHES

Le Livre et l'Autographe. — M. Feuillet de Conches et ses Causeries d'un Curieux. — Parallèle du Bibliophile et de l'Amateur d'Autographes. — Les chercheurs d'Autographes dans l'ancienne Rome. — Histoire des Autographophiles français. — Les livres illustrés de Lettres autographes. — La Graphologie et les graphologues. — Bibliographie de l'Amateur d'Autographes. — La Chanson du marchand de manuscrits. — La collection et le catalogue Alfred Bovet. — Les à propos de M. Philippe Godet sur le Catalogue Bovet. — Considérations générales sur les autographes.

Quel est le bibliophile qui n'ait été mordu plus ou moins profondément par la passion des autographes! — S'il en existait un seul, je le renierais, car il témoignerait d'une incuriosité littéraire et physiologique tellement méprisable, que l'amour des livres ne serait plus chez lui qu'un pauvre paradoxe de vanité baguenaudière et sotte, une superficielle manie d'être neutre, une métriopathie indigne de l'analyse des psychologues. — L'autographe! mais c'est le complément du livre, c'est parfois sa paraphrase et presque toujours la pierre de touche de l'esprit et du caractère de l'écrivain; c'est le contrôle du passé, c'est la lumière de l'histoire, c'est l'expression la plus spirituellement vivante qui reste des choses mortes.

L'ouvrage imprimé expose l'auteur en représentation; il le pare, il le drape, il le farde, il le grandit derrière les feux de la rampe: il nous montre l'homme paradant avec l'orgueil et les hypocrisies sociales; il ne nous livre de lui que ce qu'il veut bien volontiers montrer de ses coquetteries morales et de ses sensations maniérées; mais le document autographe est plus révélateur : il apporte avec soi l'éclat et la crudité du jour réel; il divulgue les sentiments jaillissant de l'émotion subite, les abandons intimes, les pathologies intellectuelles; il se présente palpitant encore dans les soubresauts de la plume, dans la forme des lettres, dans la construction et la ponctuation de la phrase, qui trahissent parfois l'enthousiasme, le trouble, la nervosité ou la passion de l'épistolier.

« Les seuls documents vraiment irrécusables, — écrivait l'auteur des *Causeries d'un Curieux*, — ce sont les monuments de première main, les révélations des pièces originales, les lettres intimes.

Ce sont proprement les pièces justificatives des annales des peuples. Les lettres autographes appartiennent à cette partie toute morale de l'histoire, entièrement distincte du simple récit des faits, mais qui doit y rester inséparablement attachée. C'est la vérité, sinon constamment la plus sûre, du moins la plus probable; j'entends ces lettres écrites au courant de la plume, lettres familières où l'homme s'échappe en confidences intimes, soit au milieu des affaires publiques, dans la chaleur même de l'action, soit à ces heures d'abandon disputées aux devoirs publics et aux distractions du monde, et non ces épîtres étudiées après coup, ces documents rédigés à loisir pour les besoins de causes à gagner ou à venger. Ainsi, tels personnages, que le prestige de la naissance, de la célébrité ou de traditions acceptées sans critique ne laissait apercevoir ailleurs que sous l'apparence du grand costume et sous le mensonge d'un visage d'emprunt, se dépouillent devant vous dans leurs lettres; vous les voyez peints à nu et par eux-mêmes, et vous causez avec eux de plain-pied comme avec vos pairs. — Dans l'histoire, on dédaigne trop l'étude de l'homme intime; c'est cependant par l'homme que se fait l'histoire. On dédaigne les petites passions; d'elles cependant viennent de grands résultats; on fera fi des lettres, quand parfois un simple billet en dira plus qu'un gros livre. Les correspondances, même d'un individu obscur et ignoré, pourvu qu'elles soient authentiques, jettent du jour sur un fait d'histoire ou fournissent des détails précieux de mœurs : tant a de prix un peu de vérité. »

M. Feuillet de Conches, qui fut certes un bibliophile de premier ordre et d'une rare originalité, n'aurait point laissé ces *Causeries d'un Curieux*, ouvrage impérissable aux yeux des érudits, si la douce manie de l'autographe ne lui était venue d'assez bonne heure pour lui permettre de réunir l'admirable série de pièces historiques, qui, son bon sens critique aidant, lui ont fait édifier les quatre volumes que nous aimons tous à lire et à consulter à tout propos.

La passion des livres peut sommeiller et s'éteindre par lassitude ou encombrement du logis, le goût de l'autographe est indestructible. Le bibliophile peut montrer de la froideur et de la passivité même devant les rayons de ses livres alignés dans un ordre qui, à ses yeux, doit demeurer immuable ; l'autographomane, lui, reste sans trêve sur le qui-vive, dans une activité fébrile, éperonnant ses désirs en épinglant ses *desiderata* toujours inassouvis. — Celui-là, vis-à-vis d'une armoire bondée d'auteurs maroquinés et armoriés, peut à la rigueur mettre la clef sous la porte et dire : « Mon siège est fait, mes classiques ou mes romantiques originaux sont au complet » ; celui-ci, au contraire, vivra toujours en amorce dans le provisoire, dans l'éternelle perspective du nouveau à trouver. De même que l'existence de l'iconophile, sa vie devient furieusement affairée ; il classe, il classe, il classe sans cesse ; il coordonne ses pièces, les relit, les annote, les enchemise, les catalogue ; ici les littérateurs, là les poètes, puis les généraux et chefs d'armée, les orateurs, les gens de robe, les politiciens, les rois, les princes, les grandes amoureuses, tout un monde vivant dans ces dossiers !

Mieux que le bibliophile érudit, qui, quoique fier de ses connaissances, doit songer que d'autres sont aussi bien nourris que lui du suc des bons auteurs, le collectionneur d'autographes se sent au fait des choses originales, des confidences, des notes intimes des plus grands esprits, et il se grise *in petto* de connaître seul ce que tout le monde ignore, et d'avoir les mains pleines de vérités, qu'il lui est permis de rendre publiques, à l'heure où sa fantaisie lui donnera le désir de la notoriété.

Il est rare que l'amateur d'autographes ne soit pas doublé d'un bibliophile, car le livre imprimé interprète aussi souvent la pièce manuscrite que l'autographe éclaire le livre d'une révélation nouvelle et de faits qui en corroborent ou en dénaturent la vérité admise. Il est plus fréquent — il faut bien le dire — de voir le bibliophile dédaigner l'autographe; j'entends parler du bibliophile traditionnaire et spéculateur, de l'ami des livres *en belle condition,* sous reliure aux armes, avec grandes marges et témoins. Car le bibliophile actif et moderne, qui se fait une bibliothèque plutôt qu'il ne se la forme par échange de banknotes, celui-ci aimera sûrement l'autographe, le recherchera, en ornera ses livres en tête et en queue, leur donnant ainsi une véritable valeur originale qui restera toujours à l'honneur de son goût de lettré, de son intelligence de chercheur et de délicat.

Bien que Peignot, dans ses *Recherches sur les Autographes*, ne fasse remonter le goût des pièces manuscrites qu'au xviiie siècle, il demeure assuré que cette passion pour les écrits personnels des littérateurs a existé de toute antiquité.

Martial, dans une de ses épigrammes, montre quel prix les bibliophiles de l'ancienne Rome attachaient aux corrections et *addenda* d'auteur.

« Vous voulez, dit-il à son ami Pudens, que je corrige pour vous mes livres de ma propre main; c'est m'estimer et m'aimer trop, en vérité, que de vouloir ainsi posséder l'original de mes sottises. »

Suétone (ch. LXXXVII) écrit d'autre part : « Les

autographæ d'Auguste montrent que dans les discours familiers il se servait de plusieurs locutions singulières... J'ai aussi remarqué que dans ses manuscrits il ne divisait pas les mots, et qu'au lieu de rejeter à la ligne suivante les lettres excédantes d'un vers, il les mettait sous les dernières de cette ligne, en les entourant d'un trait. »

C'est encore Suétone qui nous dira, parlant de Néron : « J'ai eu entre les mains des tablettes où se trouvaient des vers de lui, fort connus et entièrement de son écriture; on voyait bien qu'ils n'étaient ni copiés ni écrits sous la dictée d'un autre, mais qu'ils étaient le fruit de sa pensée, tant il y avait de corrections et de ratures. » — Ces deux citations suffiront à nous prouver que les Romains tenaient en haute estime les écrits originaux de leurs grands hommes et qu'ils étaient non moins chercheurs, annotateurs, amis des textes et des variantes que nous le sommes aujourd'hui.

Parmi les collectionneurs de l'ancienne Rome, les autographologues citent les noms du poète Pomponius-Secundus, mentionné par Pline l'Ancien; celui du consul Mucianus et du sophiste Libanius — trois Romains qui, grâce à leurs tablettes précieuses, voient leurs noms gravés sur le livre d'or des amateurs d'autographes.

M. Étienne Charavay, dans la très intéressante et érudite notice qu'il a écrite pour le catalogue de M. Alfred Bovet, dont je parlerai plus loin, résume mieux que personne l'histoire des collections d'autographes depuis le moyen âge jusqu'à nos jours. Après avoir passé légèrement en revue le goût dominant des manuscrits au xive siècle et celui de l'*Album amicorum,* deux siècles plus tard, en Allemagne et dans les Pays-Bas, le savant et disert paléographe nous donne un aperçu curieux de l'histoire qui serait à faire de toutes les collections d'autographes depuis la Renaissance jusqu'à l'heure présente.

« C'est à Philippe de Béthune, frère de Sully, et à son fils Hippolyte, écrit-il, que revient l'honneur d'avoir constitué la première collection d'autographes proprement dite. A l'aide de leurs archives de famille et de celles des maisons de Nevers et de Montmorency, ils formèrent, au commencement du xviie siècle, une collection de lettres originales de personnages illustres, classés par règnes, qui comprend sept cent cinquante volumes, et qui est un des ornements de notre Bibliothèque nationale.

« Après eux, Antoine Loménie de Brienne, les Du Puy, Fabri de Peiresc, les Godefroy, Baluze, André Du Chesne, joignirent l'autographe aux livres et aux curiosités de leurs cabinets ; mais leur maître à tous fut Roger de Gaignières. Ce gentilhomme, né en 1644, consacra son temps et sa fortune à réunir toutes sortes de curiosités, avec l'aide de son valet de chambre, Barthélemy

Rémi, qui devint son bibliothécaire. Il rechercha avec ardeur les autographes et eut la bonne fortune de sauver de la destruction les papiers de Jean Bourré, le secrétaire de Louis XI, les correspondances de Roger de Bellegarde, et nombre de parchemins dont la Chambre des comptes s'était débarrassée inconsidérément. Il réunit ainsi plus de vingt-cinq mille pièces, tant en originaux qu'en copies. Il eut l'heureuse inspiration de faire don de son cabinet à Louis XIV, le 29 février 1711. Grâce à cette générosité, le fonds Gaignières est actuellement un des plus importants de notre Bibliothèque nationale et une des sources les plus précieuses pour les historiens. — Gaignières mourut le 27 mars 1715, et son nom, qui est justement cher aux érudits, ne doit pas l'être moins aux amateurs d'autographes. — Au xviiie siècle, poursuit M. Étienne Charavay, le président Bouhier, les d'Hozier, les Clairambault furent des chercheurs d'autographes; la bibliophilie devint à la mode. En France, à la fin du xviiie siècle et au commencement du xixe, nous trouvons, parmi les amateurs d'autographes, l'oratorien Adry, l'érudit écrivain Charles Pougens, le marquis Germain Garnier, Dom Brial Auguis, le bibliographe Barbier, l'académicien Auger, les libraires Crapelet et de Bure, le numismate Mionnet; le plus hardi chercheur de cette époque fut Villenave, auquel on doit la découverte et la conservation de milliers de documents. Parmi ses émules et ses successeurs, il faut citer le dramaturge Guilbert de Pixérécourt, les bibliographes Renouard et Brunet, Joseph Tastu, Bérard, le rédacteur de la charte de 1830, Gallois, Soleinne, le marquis de Chalabre, Labouisse-Rochefort, la marquise de Dolomieu, la comtesse de Castellane, Lalande, Montmerqué, de l'Académie des inscriptions, le baron Feuillet de Conches, le célèbre compositeur Cherubini, le comte d'Auterive, l'abbé Lacoste, le marquis de Flers, le philosophe Victor Cousin, le célèbre critique Sainte-Beuve, le libraire Dentu, etc., etc. »

M. Étienne Charavay, en citant ces très importants collectionneurs, ne remarque pas que les amateurs d'autographes ont décuplé depuis la Révolution et que le nombre des ventes de pièces originales manuscrites a si prodigieusement augmenté, que l'on peut compter aujourd'hui autant de ventes en un mois qu'il y en avait en une seule année vers 1840 ou 1850.

Les amateurs d'autographes se sont multipliés avec surabondance depuis cinquante ans, chacun suivant sa voie, taquinant sa marotte ou enfourchant son *dada*; le signe distinctif du siècle étant la spécialisation de tout collectionneur, les curieux d'épîtres ou de pièces littéraires se sont tous cantonnés dans un genre dont ils ne sortent point. Tel amateur recherchera les musiciens, tel autre les acteurs et actrices, celui-ci donnera ses soins aux poètes de la Renaissance, celui-là ne verra, ne comprendra que les académiciens ; les plus avisés accumuleront les auteurs modernes, hypothéquant l'avenir et antidatant la postérité; les puristes resteront en arrêt sur Bossuet, Pascal, La Bruyère ou Corneille ; les moliéristes aux aguets tâcheront de surprendre ce fameux autographe indéniable et impeccable du maître, qui, jusqu'ici, échappe à leurs investigations ; les modérés enfin, partagés entre leur goût pour le livre et le document direct, s'efforceront de munir chaque ouvrage estimable de leur bibliothèque d'une belle page manuscrite de l'auteur, se rapportant autant que possible au sujet traité.

Il est curieux de constater que c'est au bibliophile Guilbert de Pixérécourt que l'on doit l'introduction en France de cette ingénieuse illustration des livres par lettres d'auteur.

« Les autographes, dit ce célèbre dramaturge, dans la préface de son *Catalogue* (1841), n'étaient pas réunis en collection il y a quarante ans ; on rencontrait quelquefois, dans les ventes de livres, un ou deux volumes dans lesquels le propriétaire avait rassemblé pêle-mêle une centaine de lettres plus ou moins curieuses et fort étonnées, le plus souvent, de se trouver ensemble ; c'est à la vente de l'abbé de Tersan (1805) que j'ai vu pour la première fois un casier assez étendu rempli de

cartons qui contenaient des lettres autographes...
C'est aussi dès cette époque, ajoute l'auteur de
Cœlina ou l'Enfant du mystère, que j'ai conçu la
pensée d'ajouter des lettres autographes à mes
livres. »

Le bon Pixérécourt a fait école, et j'ose bien
espérer que cette *biblio-autographomanie* se développera chez nous chaque jour davantage. —
L'avouerai-je? un beau livre bardé d'autographes,
interfolié de lettres, muni d'annotations d'auteur
ou d'éditeur littéraire, m'est plus sensible, sous
une enveloppe ordinaire, que les plus tapageuses
éditions vêtues par Trautz et enrichies à l'intérieur de cent états de gravures et vignettes avant
toute lettre, en première morsure et le reste... —
Le but d'un bibliophile de goût affiné est de distinguer ses propres volumes, de leur créer une
physionomie originale, d'y faire revivre l'auteur et
l'esprit de l'auteur autant que possible, et, à cet
effet, de se mettre en quête de toutes les pièces
qui peuvent contribuer à faire de tel ou tel ouvrage
un véritable reliquaire. — Je troquerais volontiers,
pour ma part, contre une action de la Banque de
France, au cours de 1880, un exemplaire de la *Légende des siècles*, édition d'origine, avec nombreuses pièces manuscrites de Victor Hugo ajoutées, dessins à la plume du maître en guise de
gardes, critiques autographes de Sainte-Beuve
ajoutées, lettres de Gautier et de Balzac y rela-

tives; le tout habillé d'une façon spéciale avec un fragment de l'habit d'académicien que porta Hugo à sa réception, et dont les palmes vertes me seraient plus précieuses que les entrelacs d'or du plus fameux relieur. — Qu'on ne me dise pas qu'un tel exemplaire ait été impossible à établir il y a quelque dix ans; il était, au contraire, réalisable et au delà, aussi réalisable que le serait pour nous aujourd'hui de vêtir *la Terre*, de M. Zola, en peau de truie de Médan, ce maroquin symboliquement naturaliste.

Le bibliophile qui saurait à propos autographier tous ses livres formerait la bibliothèque la plus originale et la plus utile; j'en sais trop peu qui se livrent à cette intelligente recherche et je ne me souviens pas depuis dix ans avoir vu plus de deux ou trois ventes dont tous les ouvrages fussent munis de lettres d'auteur. — On y viendra en masse, et, croyez-moi, la lettre est préférable aux *fumés*, aux cartons et aux états de gravures. Elle est sensible aux yeux, à la mémoire, à l'imagination; elle parle au cœur et à l'entendement, car, comme le pensait si judicieusement le baron de Trémont, elle est à la fois une émanation de l'esprit par la pensée et du corps par la main qui en a tracé l'expression. Elle agit surtout sur notre imagination en faisant revivre à nos yeux son auteur dans les plus intimes détails de sa vie intellectuelle.

L'autographe revient de droit au livre comme

l'esquisse au tableau, comme l'exilé à sa patrie, comme l'oiseau à son nid; le devoir du bibliophile est d'établir autant que possible le parallèle direct entre l'œuvre définitive, sous l'aspect matriciel de la lettre imprimée, et l'œuvre de première sensation et de premier jet qui surprend l'auteur à nu avant qu'il ait eu le temps de vêtir et de peigner ses phrases.

Puis, ne l'oublions pas, la graphologie est là, science encore dans son berceau, mais qui voit venir à elle de tous les points du globe les mages de la déduction logique, adeptes innombrables qui accumulent les preuves par une argumentation serrée et par une vérité subtile qui, chaque jour, se fait plus éclatante. La graphologie qui, au siècle prochain, comptera autant de fervents que de citoyens éclairés, car, quoi qu'on en puisse dire, elle révélera l'absolue psychologie qui apparaît tout enclose dans l'écriture humaine.

La Bibliographie des ouvrages indispensables à la bibliothèque d'un amateur d'autographes peut se résumer ainsi que suit, tant pour la partie critique que pour la partie analytique; je ne parle que des principaux ouvrages français:

1° *Recherches historiques et bibliographiques*

sur les autographes et l'autographie, par Gabriel Peignot. Dijon, 1836; in-8°, 90 pages.

2° *Manuel de l'Amateur d'autographes*, par P. Jules Fontaine. Paris, 1886; in-8°, 362 pages. Ce recueil avait été précédé, en 1834, d'un petit opuscule tiré à 100 exemplaires intitulé: Des collections d'autographes et de l'utilité qu'on en peut retirer (28 p.).

3° *Bulletin de l'autographophile*, par Jules Fontaine, in-8°, 5 numéros de 1836 à 1838.

4° *Dictionnaire des pièces autographes volées aux bibliothèques publiques de la France, précédé d'observations sur le commerce des autographes,* par Ludovic Lalanne et Henri Bordier. Paris, Panckoucke, 1855; in-8° de 315 pages.

5° *Les Autographes en France et à l'étranger*, portraits, caractères, anecdotes, curiosités, par M. de Lescure. Paris, Jules Gay, 1865; in-8° de XII-344 pages.

A cette nomenclature sans commentaires, il convient d'ajouter les périodiques tels que *l'Amateur d'autographes* depuis sa fondation; *le Cabinet de l'amateur* d'Eugène Piot; les *Isographies* diverses faites à l'exemple de la publication de Bérard en 1828; les nombreux recueils graphologiques, fixant l'art de juger les hommes d'après leur écriture; *l'Autographe* de Villemessant publié en 1864 avec un si grand succès, enfin les catalogues Donnadieu, Dawson-Turner, Boilly, A. Sensier, Benjamin Fillon, Alfred Morrison, de Londres, et Alfred Bovet, qui renferment d'innombrables fac-similés et constituent de véritables isographies qui sont de première utilité pour la vérification de l'authenticité des écritures.

Ce ne sont donc pas les documents qui manquent aux amateurs d'autographes en herbe et en gerbe; ils peuvent aller aux sources, elles sont abondantes et claires. On ne saurait croire l'intérêt qu'il y a, même pour un bibliophile modéré, à se plonger dans *l'autographiana*; on y rencontre partout des surprises charmantes, des souvenirs chers à l'esprit, des notes singulières, des curiosités qui s'étendent sur toutes les branches de l'histoire et de l'art.

L'ouvrage de M. de Lescure, qui affecte l'allure physiologique et anecdotique, m'a tout particulièrement charmé; ce voyage au pays des autographes est fait par un curieux alerte et bon compagnon de route; il cause, il rit, il chante même, et j'ai plaisir à reproduire en partie la chanson du *Marchand d'autographes*, qui est une circulaire aux amateurs, sur le vieil air : *Vive la lithographie!*

Voici cette malicieuse *chanson du Marchand :*

> Messieurs, j'ai des autographes
> De tous temps, de tous pays;
> Signatures et paraphes
> Que je vends non garantis.
>
> Savant prince ou saltimbanque,
> Courtisanes ou valets,
> J'ai, hors des billets de banque,
> Toutes sortes de billets.
>
> Vous verrez dans mes cartons
> Des Molière, des Newton;
> Vous verrez le Balafré,
> Bobêche et Galimafré.
>
> Car l'autographomanie
> Sur tous jetant son grappin,
> Place l'homme de génie
> Près du sot ou du coquin.
>
> . . . .
>
> Je vous offre en attendant,
> Messieurs, ce Pierre le Grand;
> Il peut braver l'examen,
> Bien qu'il soit sur du Weinen.
>
> Reconnaissez l'âme ardente
> Du vainqueur de Marengo
> Dans cette page éloquente;
> On n'en peut pas lire un mot.

Cet ordre est de Charles neuf,
Malgré son air un peu neuf ;
Mais de ce qui fait son prix
Combien vous serez surpris,

C'est que depuis une année
(Ici la date en fait foi),
Une fièvre cutanée

Avait emporté ce Roi.

A cent francs le Frédéric,
A deux cents francs le Garrick,
A cinq cents francs Cotillon,
A mille écus Trestaillon.

Dans l'ardeur qui vous transporte,
Dépensez comme des fous ;
Mais au pauvre à votre porte
Ne refusez pas deux sous.

Achetez aveuglément
Et profitez du moment ;
Cette noble passion
Se nourrit d'illusions.

Si le dégoût allait suivre
Et ralentir son essor,
On vendrait au poids du cuivre
Ce qu'on paye au poids de l'or.

Messieurs, j'ai des autographes
De tous temps, de tous pays,
Signatures et paraphes
Que je vends non garantis.

L'auteur de cette complainte burlesque est, paraît-il, inconnu ; je crois que si l'on avait cure... de gratter M. de Lescure, on arriverait, je vous assure, à le confesser de cette forfaiture. — Voilà où mène l'isographie de la rime !

J'ai là sur ma table depuis près de dix mois, sinon davantage, un volumineux in-4°, de LIV-880 pages qui forme bien le plus superbe ouvrage qui ait jamais été imprimé tant en France qu'à l'étranger sur le sujet qui nous occupe. Ce monument, car c'en est un, et du plus triomphal aspect, porte pour titre à son fronton : *Lettres autographes composant la Collection de M. Alfred Bovet*, décrites par Étienne Charavay, ouvrage imprimé sous la direction de Fernand Calmettes[1].

Ce livre sera fréquenté comme une cathédrale par tous les dévots d'autographes, car, en dehors de ses quarante héliogravures en relief et de ses deux mille reproductions en fac-similé dans le texte, les directeurs de cette formidable publication y ont fait jouer toutes les grandes orgues des

---

1. Ce livre a été tiré à 500 exemplaires, dont 320 mis dans le commerce à la librairie Charavay à 150 francs; 240 sur vergé teinté, 60 sur vélin blanc et 20 sur papier impérial du Japon. Il est imprimé sur papier de luxe avec encadrement rouge à chaque page.

Te Deum glorieux en l'honneur des personnages célèbres qui semblent s'y être donné rendez-vous. Ce Panthéon, divisé en dix chapitres, renferme par classes successives : 1° *Les chefs de gouvernement;* — 2° *Les hommes d'État et personnages politiques;* — 3° *Les demi-dieux de la Révolution française;* — 4° *Les guerriers;* — 5° *Les savants et explorateurs;* — 6° *Les écrivains;* — 7° *Les artistes dramatiques ;* — 8° *Les peintres, sculpteurs et architectes;* — 9° *Les Huguenots;* — 10° enfin, *Les femmes*. — Pas galant, le catalogueur ; moi, j'aurais donné le pas aux princesses !

Du chevalier français tel est le caractère.

Chacune de ces séries contient le fin du fin, le *gratin* de l'histoire politique, artistique et littéraire ; c'est une collection générale de grand curieux qui assurera une immortalité digne d'envie à l'amateur d'élite qui l'a formée avec un goût si pur, si délicat, si sévère, et avec une intelligence mise au service d'une prodigieuse activité, car ce trésor a été réuni à travers toute l'Europe en moins de dix-huit ans de recherches.

M. Alfred Bovet est encore aujourd'hui un bibliophile jeune et militant, car il n'a point jusqu'ici défrisé la cinquantaine. Riche industriel, lettré très fringant, ami de l'art dans toutes ses expressions, ce collectionneur ardent a commencé

sa merveilleuse collection d'autographes (vendue plus de cent mille francs il y a deux ans) à cet âge où l'étudiant se soucie de l'Isographie généralement aussi peu que de son *Gradus ad Parnassum*.
— Neufchatellois d'origine et Français de cœur, Alfred Bovet dépensa à la chasse des documents manuscrits toute la véhémence de sa jeunesse, et ce n'est pas seulement à prix d'argent, mais surtout à force de persévérance, de volonté, de finesse et de flair qu'il est parvenu à collectionner cette réunion de pièces de premier ordre, dont l'impression, en tant que simple analyse, compose une si magistrale publication.

« Parmi les catalogues d'autographes, écrit M. Étienne Charavay, en tête de cette publication, le catalogue de la collection Alfred Bovet est exceptionnel. Il est la résultante d'efforts nombreux, et il a bénéficié de toutes les tentatives précédentes. »

L'analyse des pièces a été la plus grande préoccupation de M. Charavay. Résumer le texte avec concision et clarté, reproduire in extenso les lettres les plus importantes, choisir le passage typique, éclairer par des notes ce qui était obscur, tel a été son but constant ; — aussi a-t-il réussi dans la perfection à nous donner une œuvre supérieurement aménagée où l'esprit du flâneur erre sans fatigue, où l'œil butine à loisir, où l'érudit trouve aussitôt ce qu'il cherche. — C'est un répertoire admirable, égayé par ses illustrations en fac-similé, par ses planches gravées en creux et par la surprenante diversité des documents présentés.

« Lorsque, pour des motifs particuliers, M. Alfred Bovet décida la vente de sa collection, il voulut suivre l'exemple de Benjamin Fillon et d'Alfred Sensier. Il me proposa de rédiger un catalogue rationnel et d'unir nos efforts pour créer un type plus parfait que les précédents ; j'acceptai avec plaisir, et je me suis dévoué à cette œuvre capitale à laquelle j'ai consacré trois années de ma vie. »

Ainsi que le remarque son catalographe, M. Alfred Bovet appartient à l'école de ceux qui considèrent un livre comme une œuvre d'architecture dont tous les éléments doivent se combiner de manière à présenter à l'œil l'apparence de la grandeur et de l'harmonie. Pour réaliser ce rêve, l'éminent autographophile a confié la direction typographique et artistique de son catalogue à un de ses amis, le peintre Fernand Calmettes, ancien élève de l'École des chartes, qui se trouvait préparé par de patientes études à la conduite d'un travail aussi méticuleux. Comme imprimeur, il a adopté Motteroz, qui, répondant à sa confiance, a imprimé le plus bel ouvrage qui soit sorti et qui sortira peut-être jamais de ses presses. Les filets rouges qui encadrent le texte et le titre courant, la beauté du caractère sur ce superbe vergé in-4°, la pureté de tirage des zincs, cachets et clichés isographiques, tout a concouru, dans la mise en œuvre de cet ouvrage, à créer un véritable chef-d'œuvre de conception, d'ingéniosité et de typographie, et je ne crois point m'avancer en disant qu'il demeurera longtemps comme le vrai prototype des isographies futures. — Se trouvera-t-il jamais cependant un autre Bovet qui consente à dépenser le capital de cinq mille livres de rente, pour établir un monument analogue si utile à l'intérêt des lettres et de l'histoire? Je ne pense point.

Je voudrais pouvoir analyser ce livre géant page à page, mais la plus sommaire étude m'entraînerait très loin, très loin vers les confins de la grosse brochure. Il ne m'est permis que de juger l'ensemble sous peine de sombrer dans l'opuscule. M. Philippe Godet, un érudit et un délicat poète neufchatellois, s'est essayé à mesurer les seules proportions du colosse et aussitôt il a vu naître un petit livre qui s'est enflé graduellement dans des épaisseurs très justifiées[1].

Cependant M. Philippe Godet ne s'est pas amusé aux bagatelles de l'autographe, il n'a passé

---

1. *Scripta manent.* — *Causeries à propos de la collection d'autographes* de M. Alfred Bovet, par Philippe Godet. Neufchâtel, Attinger frères, imprimeurs, 1887. In-8° carré de 120 pages, tiré à 100 exemplaires non mis dans le commerce.

qu'une revue hâtive de la collection Bovet, et il s'est montré aussi sobre et concis que possible, ayant à regarder cinq siècles d'histoire à vol d'oiseau. Je renvoie les curieux, sinon au catalogue Bovet, du moins, si les proportions de ce formidable monument et le prix d'entrée les intimident, au petit livre-guide de M. Godet, le Joanne de ce royaume de l'autographe. — Avec ce *vade-mecum*, ils pourront se former une idée des richesses de ce domaine où les hommes célèbres se survivront glorieusement à eux-mêmes, grâce aux moindres lignes tracées de leur main aux heures d'affection, d'inquiétude ou de plaisir, selon l'expression fugitive du moment.

Je le disais bien et je le répète, la collection Bovet est le Panthéon le plus peuplé, le plus sonore et le plus ingénieusement construit que l'on ait encore élevé, par la Bibliopée, aux immortels de l'univers.

Les amateurs d'autographes sont légion aujourd'hui en France et à l'étranger, et tous ceux que cette passion a envoûtés peuvent être considérés comme incurables. L'autographe ne lâche pas ses heureuses victimes, car il se dégage de tous ces papiers remués par les fervents amoureux du document historique comme un vague spiritisme qui met en communion de pensée les vivants et les morts. — M. Bovet, dont je parlais à l'instant, après avoir créé cette immense collection encyclopédique sur la splendeur de laquelle on verra longtemps briller son nom, pouvait penser à se reposer en cultivant ses roses ou ses dahlias ; mais il était écrit qu'il mourrait dans la peau d'un actif autographomane. Sa collection à peine vendue, il s'est remis à constituer une histoire de la musique par les musiciens, et, depuis quatre ou cinq années déjà, il est reparti en voyage au pays des orchestrants avec une ardeur diatonique, chromatique et enharmonique, grâce à laquelle nous verrons un jour paraître un nouveau catalogue enchanteur de tous les disciples de la muse Euterpe. — Un supplément à Fétis.

Les autographophiles sont d'autant plus fidèles à leur passion qu'elle ne les a pas frappés par coup de foudre, mais qu'elle s'est insinuée lentement en eux par une infiltration constante et longtemps inaperçue. La plupart d'entre eux vous diront qu'ils ne songeaient point à établir une collection sérieuse dès le début ; ils réunissaient des lettres d'auteurs connus comme les collégiens font des timbres-poste, par curiosité et plaisir intellectuel ; des amis leur fournissaient des doubles, ils achetaient deci delà une pièce chez Eugène ou Étienne Charavay, ou bien un dossier chez A. Voisin, avec lequel les relations sont si aimables ; mais ils n'avaient point de prétentions dans leurs recherches. Un jour, en classant leur butin, ils se sont découverts plus riches qu'ils ne l'auraient pensé et la tarentule leur est venue.

C'est alors que, résolus au *grand œuvre* comme les alchimistes d'antan, ils se sont plu à dévorer les catalogues de vente, ces catalogues si étranges dans lesquels on sent la difficulté qu'éprouvent les rédacteurs à caractériser la célébrité. Ils ont parcouru ces longues listes où le *grand musicien, l'auteur distingué, la fameuse danseuse, le romancier en renom, le savant jurisconsulte, l'éminent agronome, le poète délicat, l'érudit bibliophile, le médecin éclairé, la femme de lettres célèbre, le publiciste autorisé* se coudoient et défilent, étiquetés comme dans un musée Tussaud des gloires défuntes et contemporaines.

Ils ont acheté, acheté, acheté, en spécialisant leurs recherches sur tels ou tels personnages, et, le temps aidant, ils ont constitué une collection unique dont ils vivent, car elle a apporté dans leur existence, naguère monotone, toutes les agitations des saines convoitises, tous les petits bonheurs de la classification, toutes les joies réelles du document inédit, exprimant des sentiments mis au jour pour d'autres qu'eux-mêmes, mais qu'ils sont charmés de partager et dont ils finissent par se croire les plus sûrs confidents, à force d'intimité factice avec ces glorieux disparus.

Il est à remarquer que ce sont les amateurs formant des collections *spéciales* qui contribuent le plus à l'augmentation du prix des autographes, parce que, lorsqu'ils en trouvent qui entrent dans leur *spécialité*, ils enchérissent souvent pour se compléter au delà du prix jusque-là établi. Et ces prix se maintiennent ensuite, parce qu'on en tient note et qu'on les cite aux ventes postérieures.

Le baron de Trémont, qui a fait cette dernière observation, remarque également que c'est un grand avantage d'être jeune lorsqu'on commence une collection d'autographes : on a le temps d'attendre les bonnes occasions, dit-il avec justesse, et l'on peut différer ses achats. Plus tard, on est pressé de jouir, car les années sont limitées, et si l'on tient à avoir certaines pièces qui ne se présentent souvent qu'à de longs intervalles, il ne faut pas les laisser échapper. Un de nos principaux collectionneurs se rendit adjudicataire d'une lettre autographe du général vendéen Charette, fort rare, en disant : « Il y a vingt-cinq ans que je l'attends. »

Les prix assignés aux autographes nous donnent une suprême consolation en nous permettant de constater que l'élévation des enchères est toujours proportionnelle à la valeur réelle du personnage et non à sa réputation. — Le succès public n'influe guère sur les transactions commerciales des pièces manuscrites, et ce m'est une joie véritable de suivre les dernières ventes et d'y observer que tous les tripoteurs politiques, tous les perturbateurs de la tranquillité de la rue, les orateurs, les romanciers vantés, bien que sans fonds, les décadents de tous les âges, les déliquescents de toutes les époques ne trouvent pas acquéreurs, même au-dessous du franc. — L'amateur d'autographes rend des verdicts plus purs que ceux des conseillers à la Cour de Paris et je pense que les pioupious d'Auvergne ne trouveraient pas de quoi alimenter leur marmite s'il leur fallait vendre dans ce but les épîtres fades du « brav' général » livrées à la détrempe populaire.

Une lettre de Hugo se vendra toujours aussi chère qu'une épître de Bonaparte et plus qu'un décret autographe de Louis-Philippe, — et c'est justice.

INDEX ANALYTIQUE

DES NOMS D'AUTEURS, DES OUVRAGES
ET DES DOCUMENTS SIGNALÉS

INDEX ANALYTIQUE

DES NOMS D'AUTEURS

DES OUVRAGES ET DES DOCUMENTS SIGNALÉS

A

About (Edmond), 221.
Adeline (Jules), aquafortiste, 67.
Adry, oratorien, 263.
Album Amicorum, 262.
Allemand, 67.
Américaines (*Book ladies*), 52, 54.
Angoulême (Marguerite d'), 40, 46.
Anguiz, 263.
Anne d'Autriche, 40.
Apremont (Marie d'), 40.
Ariste, critique. — Son portrait littéraire, 18, 19, 20.
Argot de la Gravure, 65.
Artois (Comtesse d'), 41.
Ashburton (Lord), 207.
Astrée (l'), 26.
Auger, 263.
Auguste. Ses autographes d'après Suétone, 261.
Auteur (l'), vis-à-vis de son livre — portrait psychologique, 16, 17.

Autographes (les amateurs d'), 255. — Autographes et livres, 256. — Portrait de l'Amateur d'Autographes, 258, 259. — Les autographophiles, leur *dada*, 264 à 279. — Bibliographie des ouvrages sur les autographes 269 et suiv.

B

Baluze, 262.
Balzac (Honoré de). Biographié par sa sœur Mme de Surville, 94; — cité 87 — le Romancier vis-à-vis de la Postérité, 128. — Sa mort en août 1850, 129. — Rapport du Dr Nacquart sur sa maladie, 131. — Ses obsèques et la Presse Parisienne, 132. — Oraison funèbre de Victor Hugo sur sa tombe, 134. — Ses débuts littéraires, 138, 139, 140, 141. — Prologue de *Clotilde*

de Lusignan ou le beau Juif, 141, 142, 143. — Le *Vicaire des Ardennes* en 1822 et la préface de ce Roman, 143, 144, 146. — Histoire d'un esprit d'écrivain au xixe siècle, 146. — Mise à l'index et destruction du *Vicaire des Ardennes*, 147. — La famille du Romancier, 151. — Son frère Henri, 151 ; ses sœurs Laurence et Laure, 152. — Ses projets littéraires, 159. — Ses essais comme auteur dramatique, 166. — Histoire de ses idées commerciales, 167. — La femme et Balzac, 168, 169, 170. — Balzac poète, 176, 177. — Histoire de ses papiers gaspillés, 184 à 194. — Le véritable Roman de sa vie, 194. — Récentes publications sur Balzac, 195. — *A Balzac la Ville de Tours*, 195. — Balzac et la Monarchie, 198.

BALZAC (Mme de), née Rzewnska, puis comtesse de Hauska, femme du Romancier, 129, 184, 185.

BALZAC (François-Bernard), père d'Honoré Balzac, 152, 153, 154, 155, 156.

BALZAC (Mme), née Laure Sallambier, épouse du précédent et mère du romancier, 156.

BAR (de), 67.

BARBEY D'AURÉVILLY, son opinion sur le théâtre contemporain, 6, 7.

BARBIER. Bibliographe, 263.

BASCHET (Armand). *Son essai sur Balzac*, 171.

BAUDELAIRE (Charles). Ses œuvres inédites publiées par Crépet, 103. — Mystificateur, 107, 124. — Procès et considérants du jugement contre les *Fleurs du mal*, 112, 114. — Préfaces inédites destinées à la seconde édition de cet ouvrage, 116 à 122. — La mère de Baudelaire, Mme veuve Aupick, 123. — Article de Baudelaire sur Balzac, 180.

BAUDICOURT (Prosper de), 58.

BAVIÈRE (Anne de), 40.

BAZAN, 58.

BÉNASSIS, 67.

BELLEGARDE (Roger de), 263.

BÉRALDI (Henri), 57. — Son portrait à la plume, 59. — iconobibliophile, 60. — Les *graveurs du xixe siècle* 60 et suiv. — Son icone, 81. — Cité, 221.

BÉRARD. Rédacteur de *la Charte*, 264, 269.

BERNHEIM, Jeune (expert), 236.

BERRY (duchesse de), 41.

BÉTHUNE (Philippe et Hippolyte de). Leurs autographes, 262.

BLÉRY, 67.

BLOCHE (expert d'art), 236.

Bibliographie des livres annoncés et qui n'ont jamais paru, 208.

Bibliophiles (les) et la Collection, 201.

BIGOT-DANEL, imprimeur, 223.

BOILLY, 270.

BOILVIN, 67.

BONAPARTE, 282.

BOUHIER (le président), 263.

BOSSE (Abraham), 58.

BOUILLON, expert, 236.
BOURDIN, éditeur, 71.
BOURRÉ (Jean), secrétaire de Louis XI, 263.
BOURET, fermier général, 209.
BOVET (Alfred), 261, 270, 273, 274, 275. — Sa collection et son catalogue d'autographes.
BOYET, relieur, 49.
BRACQUEMONT, graveur, 67, 209.
BRESDIN, graveur, 68.
Brocanteur d'autrefois (le), 245.
BROSSES (le président de), 207
BRUNET, bibliographe, 264.
BUHOT (Félix), peintre-graveur, 66, 67, 75, 76, 77.
BURE (de), bibliophile, 263.

C.

CARÊME, peintre à la gouache, 216.
CARO, philosophe, 216.
CAYLUS (Comte de), 58, 207.
Catalogue (le), Béraldi ou catalogue raisonnable, 63 et suiv.
CATTELAIN, graveur, 223, 224.
CERFBEER (Anatole), 195.
CHALABRE (Marquis de), 264.
CHAMILLARD (Mme de), bibliophile, 40, 41.
CHAMPOLLION (Eugène), graveur, 67.
CHAMPFLEURY. Note sur le père de Balzac, 153.
CHAPELAIN, peintre, 67.
CHARAVAY (Etienne), expert d'autographes, 236, 261, 263, 264, 273, 275.

Chanson du marchand d'autographes, 261.
CHAUVEL, graveur, 67, 72.
CHERET (Jules), dessinateur-lithographe, 68, 70.
CHRISTOPHE (Jules). Catalographe de Balzac, 157, 195.
CHOUBRAC (Alfred), 68.
CLAIRAMBAULT (les), 263.
COLLETET (Guillaume), 207.
COLLET (Louise) et Flaubert, 95, 96, 97, 99.
COLBERT, ministre-bibliophile, 207.
Collectionneurs bibliophiles (les), 202 et suiv.
Confession publique du brocanteur (la), (pamphlet de 1776), 245.
COMMANVILLE (Mme Caroline) nièce de Flaubert, 92 et suiv.
Commissaires priseurs, 237.
CONQUET, éditeur-libraire, 58, 210, 217.
CONTI (Princesse de), 41.
COROT, 67.
COURTRY, 67.
COUSIN JACQUES, 60.
COUSIN (Victor) et Mme Collet, 96.
COUSIN (Charles), bibliophile, vice-président des Amis des Livres. — Les Racontars illustrés d'un vieux collectionneur, 210. — Son Voyage dans un grenier, 210. — Surnom du Toqué, 211. — Son portrait à la plume, 214. — Cousin Pons, 215. — La cousinière d'un vieux collectionneur, 226.
CRAPELET, libraire, 263.
Critique moderne (le), 19.

CRÉPET, publicateur des *œuvres inédites de Baudelaire*, 103 à 124.
CROZAT (de), 207.
Curiosité (Monographie historique de la), 251.
CURMER, éditeur, 71.

D

DANEL, imprimeur Lillois, 221, 223.
DAUMIER, caricaturiste, 72.
DAWSON-TURNER, 270.
DECAMP, 67.
DENTU, 264.
DEROME, relieur, 49.
DESNOYERS (Louis), 137.
DEVEY (miss). Son ouvrage sur Lady Lytton, 89, 90, 92.
DICKENS, 87.
DIDOT (Ambroise-Firmin), 58.
DIDEROT. Biographie par sa fille Mme de Vandeuil, 94.
DOM BRIAL, 263.
DOLOMIEU (marquis de), 264.
DONNADIEU, 270.
DORÉ (Gustave), aquafortiste, 67.
DU BARRY (comtesse), 41, 50.
DUBOCHET, éditeur, 71.
DU CAMP (Maxime). *Ses souvenirs littéraires*, 101.
DUCHESNE (André), 262.
DUHAMEL (neveu de Balzac, par alliance avec Mlle de Surville), 152, 157.
DUMAS (Alexandre), 87.
DUMÉNIL (Robert), 58.
DUPUY, 262.
DUSEUIL, relieur, 49.

E

Eau-forte (l') et le livre, 72 et suivante. — Sa cuisine spéciale, 74.
EUDEL (Paul), 229 et suiv.
Ex libris, 208, 209.
Experts (les) de ventes, 236 et suivantes. — Projet de *Société d'experts*, 237.

F

FÉLIBIEN, 207.
Femmes bibliophiles (les), 29. — Leurs jalousies, les livres, 31. — Leurs taquineries constantes, 32. — Leur rôle dans une bibliothèque, 34. — Comment elles ont formé des collections, 37, 38. — Physiologie de la femme bibliophile, 51. — Les bas de cuir, 52. — Les *Book ladies de l'Amérique*, 52.
Femmes vertueuses et femmes criminelles de la Comédie humaine. — Tableau dressé par Balzac des femmes de son œuvre, 173, 174, 175.
FERRAL et LASQUIN (experts), 236.
FERRE LA MULLE, brocanteur, 245, 246, 247, 248.
FEUARDENT, expert de médailles, 236.
FEUILLET (Octave), 219, 221.
FEUILLET DE CONCHES et ses causeries d'un curieux, 207, 256, 258.
FILLON (Benjamin), 270.

FLAUBERT (Gustave). Sa correspondance, 92. — Ses lettres à George Sand, 93. — Lettres à Mme Louise Colet, 96. — Dupe de ses propres sensations littéraires, 100. — Ses lettres d'enfant, 100.
FLERS (de), 264.
Fleurs du mal, de Baudelaire (les), procès de ce livre, 110. — Considérants de l'arrêt, 112. — Les plaidoiries de la critique, 114. — Préfaces inédites projetées pour une seconde édition, 114. — Dédicace de ce livre, 118.
Flore de la place Vendôme (la), 225.
FONTAINE (Jules), son Manuel de l'amateur d'autographes, 269. — Son Dictionnaire des pièces autographes, 269.

G

GAIGNIÈRES (Roger de), 207, 262, 263. — Son valet Barthélemy Rémi, 263.
GANGANELLI (pape Clément XIV). Sa Bibliothèque du genre humain en 6,000 volumes in-fol, 3, 4.
GARNIER (Germain), 263.
GAUTIER (Théophile), 60.
GAUJEAN, graveur, 73.
GAVARNI, 72, 21.
GILL (André), 21.
GODEFROY, 262.

GODET (Philippe). — Son opuscule sur le *Catalogue Bovet* (*scripta manent*), 277, 278.
GONCOURT (les frères de), 62, 207.
GOZLAN (Léon), 221.
Graffinade (la), 243, 244.
GRAMMONT-CHOISEUL (duchesse de), 41.
Graphologie (la), science d'avenir, 268.
Gravure et graveurs, 57 et suiv. — *Graveurs du XIXe siècle*, par Béraldi, 57 et suiv. — Argot de la gravure, 65. — Une physiologie des graveurs à faire, 67.
Grenier (le) de Charles Cousin bibliophile, 210 et suiv.
GROLIER, 36.
GUÉRARD (Henri), graveur, 75, 77.

H

HANKEY. Éroto-bibliomane, 216. — Son exemplaire des *Tableaux des mœurs du temps*, vendu à Charles Cousin, 216.
HEINE (Henri), 87.
Héliogravure (l'). Son apologie, 79, 80.
HETZEL, éditeur, 71.
HOFFMAN, expert de médailles, 236.
Hôtel Drouot, 229. — Son installation défectueuse, 230. — La curiosité, 230. — Histoire de l'Hôtel des ventes, 233. — Pro-

jet de reconstruction, 34. — Hôtel Bullion, 240.
HOZIER (les d'), 263.
HUGO (Victor), 62, 87, 88, 282. — Son Oraison funèbre de Balzac, 134, 135, 136, 137.
Huissiers priseurs, 240.

J

JACOB (P.-L.), bibliophile (PAUL LACROIX). Commensal de Mme de Balzac, 185. — Son opinion sur la femme et les livres, 31.
JACOB (le père Louis), bibliothécographe, 39.
JOB (le livre de). Pièce poétique de Balzac, 176.

L

LACROIX (Paul), 31, 185.
LACROIX (Jules), 185.
LACROIX DU MAINE, 207.
LACOSTE (abbé), 264.
LACURNE DE SAINTE-PALAYE (les frères), 207.
LABORDE (de), 207, 209.
LABOUISSE-ROCHEFORT, 264.
LA BRUYÈRE, 143.
LAMBALLE (princesse de), 41.
LAMARTINE, 87, 216.
LAMBER (Juliette), 51.
LA POPELINIÈRE (de), 207.
LA VALLIÈRE (duc de), 36.
LEBRUN, marchand de tableaux, 240.

Lecteur (le) d'aujourd'hui, 22, 23.
LE GASCON, relieur, 47.
LESCURE (de). Son livre sur les Autographes en France et à l'étranger, 269, 270, 273.
LESDIGUIÈRES (duchesse de), 40.
LECZINSKA (Marie), 41.
LIBANIUS, sophiste, amateur d'autographes de l'ancienne Rome, 261.
LIGNEROLLES, bibliophile, 215.
Livres (les) et les objets d'art, 204. — Sympathies d'ensemble, 206.
LOMÉNIE DE BRIENNE (Antoine). Ses autographes, 262.
LONGEPIERRE, 36.
LORRAINE (Louise de), 40.
LOVENJOUL (CHARLES SPOELBERCH de), bibliographe. Historien de l'œuvre de Balzac, 127, 196, 197. — Son rôle dans l'affaire des papiers de Balzac, 190.
LOSTALOT (de). Citation de son ouvrage, les Procédés de la gravure, 65, 66.
LOUIS-PHILIPPE, 282.
Lusignan (Clotilde de), roman de jeunesse de Balzac, 141 à 143.
LYTTON (Edward-Bulwer), 88, 89, 90, 91, 92.
LYTTON (Lady), née Rosina Wheeler, 90, 91, 92.

M

MAINE (duchesse du), 40.
MAINTENON (Mme de), 40.
MALLARMÉ (Stéphane), 216.
MANESSE, graveur, 73.

MANNHEIM (Charles), expert d'art, 236.
MAROT (Clément), 46.
MARIE-ANTOINETTE, 41, 50.
MAUPASSANT (Guy de), 93. — Sa préface sur Flaubert, 94.
MÉDICIS (Marie de), 40.
MÉDICIS (Catherine de), 40.
MÉRIMÉE, 87.
MERCIER (Sébastien). Son portrait, tableau de l'huissier priseur, 241.
MEYER, expert, 236.
MIONNET, numismate, 263.
MNISZECK (comte), allié aux Balzac, 186 et suiv.
MNISZECK (comtesse), 186, 191, 192.
MONTESPAN (marquise de), 40.
MONTPENSIER (duchesse de), 40.
MONSELET (Charles), 60.
MOTTEROZ, imprimeur, 276.
MOORE (Thomas). Son opinion sur les femmes, 35.
MORGAND (Damascène), libraire, 210.
MORRISSON (Alfred), amateur d'autographes, 270.
MUCIANUS, collectionneur de l'ancienne Rome, 261.
MURGER (Henri), 87.
MUSSET (Alfred de), 87.

N

NACQUART (Dr). Son rapport sur les derniers moments et la maladie de Balzac, 131.
NÉRON. Ses vers autographes, 261.
NERVAL (Gérard de), 7.
NODIER (Charles). Sa biographie, par Mme Menessier Nodier, 94.

O

Œuvre jouée. Sa priorité dans la critique sur l'œuvre imprimée, 9.
OHNET (Georges), 24.

P

PAILLET (Eugène), président des Amis des livres, 221.
PAILLET, marchand de tableaux, expert, 240.
PALATINE (princesse), 40.
PAUL (Emile), expert-libraire, 236.
PADELOUP, relieur, 40, 49, 219.
PEIGNOT. Ses Recherches sur les autographes, 260, 269.
PÉLADAN (Joséphin), 216.
PEIRESC (Fabri de), bibliophile, 36, 262.
PERROTIN, éditeur, 71.
PETIT (Georges), expert d'art, 240.
PIOT (Eugène). Son Cabinet de l'Amateur, 245, 269.
PIXÉRÉCOURT (Guilbert de), 264, 266. — Son catalogue, 265.
POITIERS (Diane de), 40.
POLIGNAC (Anne de), 40.
POMPADOUR (marquise de), 41, 207.
POMPONIUS SECUNDUS, collectionneur de l'ancienne Rome, 261.
POPE. Sa protestation contre les divulgations littéraires après décès d'auteur, 86.

PORQUET, libraire expert, 236.
PROVENCE (comtesse de), 41.
POULET-MALASSIS, 103. — Sa correspondance avec Baudelaire, 109. — Cité, 124. — Son ex-libris, 209.
POUGENS (Charles), 263.
Public (le) moderne, 22, 23.
Publications posthumes, 85.
PUDENS, ami de Martial, 260.

Q

QUENTIN-BAUCHART (Ernest). Son ouvrage sur *les Femmes bibliophiles*, 29, 39, 40, 42. — Ce livre servant d'*Histoire de la reliure*, 43. — Citations, 44, 51. — L'*Armorial des femmes*, 52; — ouvrage de bibliothèque, 52.

R

Réclame (la), 12 et suiv.
REMY (Pierre), expert, 249.
RENOUARD, bibliographe, 264.
Répertoire de la Comédie humaine, de Balzac, par M. A. Cerfbeer et J. Christophe, 195.
ROCHEFORT. *Les Petits Mystères de l'Hôtel des ventes*, 231.
ROLLINAT (Maurice), 216.
ROPS (Félicien), peintre graveur, 66, 75, 77, 120, 124.
Roqueplan, 60.

S

SAINTE-BEUVE, 11, 39, 87, 195, 216, 264, 266.
SAINT-SIMON, 41.
SALLAMBIER (D^r), 156.
SALLAMBIER (Laure), épouse de François-Bernard Balzac, mère du romancier, 156.
SAND (George), 87. — *Histoire de ses œuvres*, en préparation, 197.
SAVOIE (Louise de), 40.
SAVOIE (Marie-Adélaïde de), 40.
SAXE (Marie-Josèphe de), 41.
SENSIER (A.), 270.
SÉROUX D'AGINCOURT, 207.
SOLEINNE, bibliophile, 264.
Soiriste (le critique), 10.
STUART (Marie), 40.
SUÉTONE, 260, 261. Ses notes sur les Autographes.
SUTHERLAND (duc de), 207.

T

Tableau de Paris, 243.
Théâtre contemporain et la Critique, 6, 7 et suiv.
THOU (de), 36.
TERSAN (abbé de). Sa vente, 265.
TISSOT (James), aquafortiste, 75.
TRAUTZ-BAUZONNET, 210.
TRÉMONT (baron de), 281.

V

VALOIS (Marguerite de), 40.
VALTER (Jehan), journaliste, 284.

VANDERHEIM, expert, 236.

Ventes mobilières (Monographie historique des), 248, 249.

VERRUE (comtesse de), 40, 207.

Vicaire des Ardennes, de Balzac, 143, 146. — Sa mise à l'index, 147.

VILLAVE, 263.

VILLEMOT (Auguste), 221.

VIVANT-DENON, 207.

VOLTAIRE. *Passim*.

W

WEBER, chromiste de la maison Danel, de Lille, 222.

Z

ZOLA (Émile), 267.

TABLE DES CHAPITRES

TABLE DES CHAPITRES

Pages.

Zigzag initial   1

CHAPITRE PREMIER

LES ÉCRIVAINS, LE PUBLIC ET LA RÉCLAME

La littérature du genre humain en 6,000 volumes. — De la désorientation littéraire de ce temps. — Situation singulière des Écrivains entre eux. — Le Théâtre obstructeur de la véritable Littérature. — La Presse quotidienne vouée au Théâtre. — De la disparition de la Critique dans le journalisme quotidien. — La grande hystérie de la réclame dans les lettres. — Les sensations de l'écrivain et ses déboires. — La critique moderne et la marée des livres. — Misères de la profession. — De la lassitude publique en matière de librairie. — La dysphagie des lecteurs et les écœurements des bases fictions romancières — Sensations décourageantes de l'heure présente. — Moins de livres et plus d'œuvres. — Plus de propre dans le figuré.   1

CHAPITRE II

LES FEMMES BIBLIOPHILES

Les femmes bibliophiles de France. — La femme vis-à-vis du bibliophile. — Opinion de Paul Lacroix sur la femme et les livres. — Le bibliophile marié et marri. — *La femme dans l'histoire de la bibliophilie.* — *Le livre de M. Quentin-Bauchart et les femmes célèbres dans les annales des belles bibliothèques et de la reliure.* — *De Marguerite d'Angoulême et Marie-Antoinette.* — *De la recherche de la femme bibliophile dans la société du xıx^e siècle.* — *Les femmes bibliophiles d'Amérique* 29

CHAPITRE III

CAUSONS GRAVURE

Une encyclopédie des graveurs de ce temps. — *Henri Béraldi: portrait à la plume.* — *Le catalogue accordéon.* — *Le procédé Béraldi.* — *L'argot de la gravure.* — *La cuisine de l'eau-forte.* — *Les papiers d'épreuves.* — *Une physiologie à faire sur le graveur de ce temps.* — *L'estampe partout ou la vie à l'estampe.* — *Chéret, le Véronèse des murailles.* — *Les trois âges de la gravure.* — *Félix Buhot et Félicien Rops.* — *La lithographie enterrée.* — *Réhabilitons l'héliogravure.* — *Le portrait Béraldi* 57

CHAPITRE IV

LES PUBLICATIONS POSTHUMES

La publication des lettres et écrits posthumes au début du xvııı^e siècle. — *Les éditions de papiers inédits depuis cinquante ans.* — *Lord Lytton et sa femme; lettres publiées par miss Devey.* — *Mme Caroline Commanville et la correspondance de Gustave Flaubert.* — *L'auteur de* Salammbô *et Mme Louise Colet.* — *La dépouille de nos morts sur le champ de bataille de la gloire.* — *Les œuvres posthumes et correspondances inédites de Baudelaire.* — *Les* Fusées *et suggestions et* Mon cœur mis à nu. — *Le procès des* Fleurs du mal, *projet d'éditions nouvelles et préfaces inédites.* — *Baudelaire mystificateur.* 85

CHAPITRE V

A TRAVERS L'ŒUVRE DE HONORÉ DE BALZAC

Pages.

Les hommages rendus à Balzac. — Honoré de Balzac et la postérité. — Les derniers jours de Balzac, sa mort, ses obsèques. — Son oraison funèbre par Victor Hugo. — Les années d'apprentissage d'un romancier; les premières œuvres. — La famille de Honoré de Balzac; M. de Balzac père. — Les projets littéraires de l'auteur de la Comédie humaine. — Balzac, auteur dramatique. — La femme dans les écrits de Balzac. — Les essais poétiques d'un grand prosateur. — Balzac jugé par Baudelaire. — Les papiers de Balzac. — Les dernières publications relatives à Balzac. . . . 127

CHAPITRE VI

LES BIBLIOPHILES COLLECTIONNEURS

Le Bibliophile et la Collection. — La cristallisation du goût chez le Bibliophile bibelotier. — Les livres et les objets d'art. — Une Histoire des Bibliophiles Collectionneurs : l'ex-libris archimédien de Poulet-Malassis. — Les Racontars illustrés d'un vieux collectionneur. — Le Toqué Charles Cousin. — Le Grenier du Toqué. — Physiologie du Toqué. — Dernières vicissitudes des Mœurs du temps de La Popelinière. — Le luxe des Racontars. — La chromotypographie de la maison Danel, de Lille. — Un type de vieux graveur : Cattelain. — Le crâne de l'Architoqué. — Les archives du souvenir. 201

CHAPITRE VII

L'HÔTEL DROUOT ET LA CURIOSITÉ

De l'imperfection de l'Hôtel des ventes actuel. — Une campagne à entreprendre. — L'accroissement du bric-à-brac depuis vingt ans. — Un projet rêvé de nouvel hôtel des ventes mobilières ; plan d'organisation. — De l'utilité d'une société d'experts-jurés. — Une Histoire générale de la Curiosité. — Les Ventes au xviiie siècle. — Croquis de Sébastien Mercier. — La Graffinade. — La Confession publique du brocanteur, *pamphlet de 1776*. — Le tableau des encans et la physiologie du collectionneur depuis *1800*. — Les Peintres devant les enchères. — A quand une Monographie de la Curiosité ? 229

CHAPITRE VIII

LES AMATEURS D'AUTOGRAPHES

Le livre et l'autographe. — M. Feuillet de Conches et ses Causeries d'un Curieux. — *Parallèle du bibliophile et de l'amateur d'autographes.* — Les chercheurs d'autographes dans l'ancienne Rome. — Histoire des Autographophiles *français.* — Les livres illustrés de lettres autographes. — *La graphologie et les graphologues.* — Bibliographie de l'amateur d'autographes. — *La chanson du marchand de manuscrits.* — *La collection et le catalogue Alfred Bovet.* — Les à-propos de M. Philippe Godet sur le Catalogue Bovet. — *Considérations générales sur les autographes.* — La justice des enchères en matière d'autographes . . 255

INDEX ANALYTIQUE *des noms d'auteurs, des ouvrages et documents signalés.* 285

Achevé d'imprimer

PAR

LA MAISON QUANTIN

COMPAGNIE GÉNÉRALE D'IMPRESSION ET D'ÉDITION

A PARIS

Ce quinzième jour de mai

1888

OUVRAGES DE OCTAVE UZANNE

Caprices d'un Bibliophile, 1 vol. in-8°. Paris, Édouard Rouveyre, éditeur. 1878

Le Bric-a-Brac de l'amour, 1 vol. in-8°. Paris, Édouard Rouveyre. 1879

Le Calendrier de Vénus, 1 vol. in-8°. Paris, Édouard Rouveyre. 1880

Les Surprises du cœur, 1 vol. in-8°. Paris, Édouard Rouveyre. 1882

L'Éventail, avec illustrations de Paul Avril, 1 vol. in-8°. Paris, A. Quantin 1882

L'Ombrelle, le Gant, le Manchon, avec illustrations de Paul Avril, 1 vol. in-8°. Paris, A. Quantin. 1883

Son Altesse la femme, illustrations en couleurs par Lynch, Moreau, Rops, etc., 1 vol. in-8° carré. Paris. A. Quantin 1885

La Française du siècle, *modes, mœurs, usages*, illustrations de A. Lynch, 1 vol. in-8° carré. Paris, A. Quantin 1886

Nos Amis les livres, *causeries sur la littérature curieuse et la librairie*, 1 vol. in-18. Paris, maison Quantin. 1886

OUVRAGES DE OCTAVE UZANNE.

LA RELIURE MODERNE, *artistique et fantaisiste*,
1 vol. grand in-8º. Paris. Éd. Rouveyre . . 1887

LE MIROIR DU MONDE, *sensations de la vie pittoresque*, illustrations de Paul Avril, 1 vol. grand in-8º carré. Paris, maison Quantin. 1888

PUBLICATIONS LITTÉRAIRES
DU MÊME AUTEUR

—

LES POÈTES DE RUELLES AU XVIIe SIÈCLE
Publiés avec Notices, Notes, Index.
Paris, Librairie des Bibliophiles.

Poésies de Benserade. 1875
La Guirlande de Julie 1875
Poésies de François Sarazin 1876
Poésies de Mathieu de Montreuil. 1878

4 vol. in-18 jésus avec frontispice et portraits
à l'eau-forte.

—

LES PETITS CONTEURS DU XVIIIe SIÈCLE
*Publiés avec des Notices bio-bibliographiques
et des Notes documentées.*
Paris, A. Quantin, éditeur.

Contes de l'abbé de Voisenon 1878
Contes du chevalier de Boufflers 1878
Contes du comte de Caylus. 1879

Contes dialogués de Crébillon fils. 1879
Contes de Moncrif. 1879
Contes du chevalier de la Morlière. 1879
Contes de Pinot-Duclos. 1880
Contes de Jacques Cazotte 1880
Contes de Restif de La Bretonne. 1881
Contes du baron de Besenval 1881
Contes de Fromager. 1882
Contes de Godard d'Aucour. 1883

12 vol. in-8°, avec portraits, gravures et vignettes à l'eau-forte.

DOCUMENTS
SUR LES MŒURS DU XVIIIe SIÈCLE
Publiés avec Préface, Notes et Index.
Paris, A. Quantin, éditeur.

La Chronique scandaleuse 1879
Anecdotes sur Madame Du Barry 1880
La Gazette de Cythère. 1881
Les Mœurs secrètes du XVIIIe siècle. 1883

4 vol. grand in-8° avec frontispice, en couleur, et vignettes à l'eau-forte.

PUBLICATIONS DIVERSES

DU MARIAGE, par un philosophe du XVIIIe siècle.
  1 vol. in-16. Paris, Rouveyre. 1877

IDÉE SUR LES ROMANS, par le marquis de Sade, avec préface, notes, et documents inédits.
  1 vol. in-12. Paris, Rouveyre. 1878

ÉDOUARD, par Mme de Duras, *avec préface*, 1 vol. in-12. *Librairie des Bibliophiles*. 1878

LETTRES DE VINCENT VOITURE, *avec notices, notes et index*, 2 vol. in-12. *Librairie des Bibliophiles*. 1880

LE TEMPLE DE GNIDE, avec préface. Rouen, Lemonnyer, 1 vol. in-8°. 1881

L'AMOUR ROMANTIQUE, par Léon Cladel, *avec préface*, 1 vol. in-8°, Rouveyre. 1882

CORRESPONDANCE DE Mme GOURDAN, avec une étude-causerie sur les sérails du xviii° siècle, 1 vol. in-8°. Bruxelles, Kistemaeckers . . . 1883

POÉSIES DU CHEVALIER DE BOUFFLERS, *avec préface*, 1 vol. in-8°. Maison Quantin 1883

JOURNAUX ET PÉRIODIQUES

LE CONSEILLER DU BIBLIOPHILE (mensuel), 2 vol. in-8° 1876-1877

LES MISCELLANÉES BIBLIOGRAPHIQUES (mensuel), 3 vol. in-8°. Paris, Rouveyre. . . 1878-1880

LE LIVRE, revue mensuelle du monde littéraire, Archives des Écrits de ce temps, 9 années formant 18 vol. grand in-8°. Paris, Quantin 1880-1888

SOUS PRESSE :

PHYSIOLOGIE DES QUAIS DE PARIS, in-8°, avec illustrations de E. Mas. Maison Quantin.

LE PAROISSIEN DU CÉLIBATAIRE, in-8°. Illustrations de A. Lynch. Maison Quantin.

EN PRÉPARATION :

DICTIONNAIRE DU BIBLIOPHILE, in-8°.

L'AMOUR A TRAVERS LES AGES.

www.ingramcontent.com/pod-product-compliance
Lightning Source LLC
Chambersburg PA
CBHW071516160426
43196CB00010B/1538